好父母是这样
教养女孩的

张 静◎著

中华工商联合出版社

图书在版编目（CIP）数据

好父母是这样教养女孩的 / 张静著. -- 北京：中华工商联合出版社，2019.5

ISBN 978-7-5158-2487-1

Ⅰ.①好… Ⅱ.①张… Ⅲ.①女性－家庭教育 Ⅳ.①G78

中国版本图书馆CIP数据核字（2019）第 056906 号

好父母是这样教养女孩的

作　　者：	张　静
责任编辑：	吕　莺　董　婧
封面设计：	天下书装
责任审读：	李　征
责任印制：	迈致红
营销推广：	王　静
出版发行：	中华工商联合出版社有限责任公司
印　　刷：	河北飞鸿印刷有限公司
版　　次：	2019年8月第1版
印　　次：	2022年4月第2次印刷
开　　本：	710mm×1020mm　1/16
字　　数：	91千字
印　　张：	16
书　　号：	ISBN 978-7-5158-2487-1
定　　价：	42.00元

服务热线：010-58301130
销售热线：010-58302813
地址邮编：北京市西城区西环广场A座
　　　　　　19-20层，100044
http://www.chgslcbs.cn
E-mail: cicap1202@sina.com（营销中心）
E-mail: gslzbs@sina.com（总编室）

工商联版图书

版权所有　侵权必究

凡本社图书出现印装质量问题，请与印务部联系。

联系电话：010-58302915

目 录

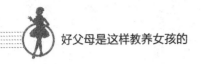

第三章 **教给女孩正确的为人处世之道**

第四章　让女孩学会思考

第五章　培养女孩的好习惯

第一章

好父母就是好老师

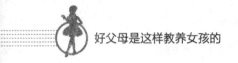 ## 爱中有教，教中有爱

前苏联教育学家苏霍姆林斯基有句名言："没有教不好的学生，只有不会教的教师。"同样，没有教不好的孩子，只有不会教孩子的父母。对于女孩的父母而言当然也是如此。

"没有教不好的女孩"，这个"好"字该怎样理解呢？有人认为，"好"是指让孩子将来学习上争得第一，长大后嫁个好人家，养个好儿女，在某个工作岗位上能发挥出自己的才华，这些对于女孩而言，对也不对。现今社会提倡男女平等，女孩一样能撑起半边天。当然，对于女孩的评判标准不一定与财富、地位、名声有什么必然的联系，每个女孩都是不同的，因此，"好"的标准也因人而异。教育"好女孩"是指父母在教育孩子时要尊重

孩子的个性，使其潜质充分发展，不能单纯地以社会成就（如财富和名声）作为培养目标，而是要让她们做最好的自己。

在教育女孩时，父母应根据自己"小公主"的自身特点选择教育方法，让她能开心地、健康地成长，让她成为最好的自己，这既是对孩子的尊重，也能使孩子的潜能得到最大程度的开发。

不过遗憾的是，许多父母都局限在自己的经验里，以成人的认识以及社会的要求为教育孩子的目标，或者以自己的"需求"来"教育"孩子、"塑造"孩子，甚至把孩子当成实现自己梦想的工具，这样的父母显然就是"不会教"的父母。

其实，在教育自己的女儿时，父母应该清醒地认识到孩子的所有经验和认识，以及感觉、需要，都跟成人有很大的差距，要教育孩子，首先要清楚孩子应该有的特点以及自家孩子的特点，了解自家孩子的想法，找准教育的目标，并从孩子的发展情况出发，选择适合孩子的、有针对性的教育方法，做到有的放矢。

父母养育女孩是一门科学，要想使教育有成效，就必须遵循正确的教育原则，运用科学的教育方法对孩子因材施教。原则和方法正确，就能获得预期的效果；原则和方法不当，就会南辕北辙，事与愿违。

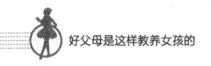

那么，在培养女孩的过程中，父母应遵循哪些基本原则呢？以下几点建议可供参考。

1. 坚持"严"与"爱"相结合

爱子之心人皆有之，父母对女孩往往更加宠爱，但爱也要有度，不能溺爱。父母要把对女孩的爱护和严格要求结合起来，把握好疼爱与溺爱的界限。

父母对女孩既要疼爱，又要对她严格要求，如果只疼爱而不严格要求，就成了溺爱，而溺爱会导致父母纵容孩子的错误行为，对其身心发展和品格养成都是极为不利的。因此，父母不能因为疼爱女孩便由她任意妄为，基本的教育原则什么时候都不能变。反之，如果只有严格要求而没有疼爱，也容易让孩子产生抵触情绪，甚至受到伤害。因此，正确的做法是把疼爱和严格要求结合起来，做到爱中有教、教中有爱。尤其是对于年龄较小的女孩，她们处于需要父母更多关心和爱护的时期，在这个阶段，父母一方面要给她们充分的爱心和照顾，另一方面也要严格要求她们，帮助她们培养良好的习惯，以使她们更好地成长。

2. 坚持教育上的一致性

这里所说的"一致性"包括三个方面：第一，家庭所有成员的教育理念必须一致；第二，家庭与学校及社会的教育理念相一致；第三，父母不能因自己心情好坏而改变教育方法，要保持自身教育理念和方法的一致性。

有些父母在教育女儿时往往随着自己情绪的变化来改变教育方式。高兴时，拿女儿当宝贝，宠爱有加，女儿想怎么样就怎么样；不高兴时，拿女儿当"出气筒"，女儿即使没有做错什么也会被责骂。这种喜怒无常、时冷时热的做法，会对女孩的心理发展造成非常不利的影响。同时，不同的家庭成员，如父母、祖父母等，对女孩的教育要求也应一致，否则就会使彼此的教育影响相互抵消，使女孩无所适从，不知该听谁的，甚至给女孩提供了提出某些不合理要求的"可乘之机"，使她们觉得反正有人"护短"，便有恃无恐。所以，不同家庭成员对女孩的教育应做到要求一致、态度一致。这样，女孩会感到家庭成员的意见统一，非"服从"不可，其良好的行为习惯就会得到强化和巩固，而不良的行为习惯会逐渐消除。在教育女孩上，除了家庭教育观念要一致外，家庭与学校与社会的教育要求也必须一致。只有上述各种教育互相配合，才能将各种教育因素汇聚成强大的教育力量，帮助和引领女孩健康地成长。

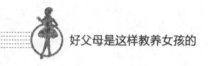

3. 注重培养女孩的社交能力和集体意识

心理研究表明，女孩只有在与伙伴的共同交往、游戏活动中，才可能真正理解集体生活的各种原则。因而有女儿的家庭，父母要培养女儿关心他人、帮助他人、与他人分享、团结合作等优良品格。还要培养孩子从他人角度考虑问题的习惯，而这种习惯也可以从集体生活中培养。为了保证女孩健康性格的形成和良好的社交能力的养成，父母必须为孩子创造良好的集体环境，让女孩学会交往、学会共处。

比如，父母可以采取多种形式，创造各种条件，帮助女孩选择一些年龄相仿、性格相近的"小闺蜜"，使她们彼此交往。同时，鼓励女孩把自己的图书、玩具等拿出来和伙伴们一起玩，使她具备"分享"的意识。

父母还可以让女孩多去公共场所，多参加一些兴趣小组，多去少年宫等有许多伙伴可以一起学习、娱乐的地方，这样可以充分锻炼女孩的人际交往能力，使她逐渐积累起丰富的社会经验，为今后适应社会生活打下坚实的基础。

4. 培养女孩的独立性

女孩既是父母抚养和教育的对象，又是成长的主体，她们是在生活中不断积极主动积累经验而成长起来的。父母要敢于让孩子去承担风险,不必事事插手甚至包办。因为孩子只有亲身经历生活的磨炼,才能提高独立生活的能力,并拥有坚强勇敢的品质。如果父母总是替孩子处理生活中的大小问题,就无法培养孩子的独立性,会使其产生依赖心理,对其今后的成长和发展都会产生不良影响。尤其在当今时代,女性的独立精神受到普遍的重视和推崇,而这种独立精神,需要女孩的父母对其从小加以培养和锻炼。

5. 发挥"榜样"作用

"父母是孩子的一面镜子"。父母是孩子最早、最直接和最经常的模仿对象,因而父母的一言一行都会关系到孩子的个性形成,对于女孩来说当然也是如此。父母在教育孩子的同时,应首先加强自我教育,严格要求自己,为孩子树立一个好榜样,以榜样的力量感染、教育孩子。如果父母要求孩子做到的事自己都不能做到,那么这样的要求和教育显然是无效的,甚至会影响孩子对父母的信任。

6. 坚持"适度"原则

父母在对孩子进行要求、批评和表扬时都应做到适度,过

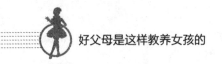

度或不及都会对孩子造成不利影响。父母对孩子的优点和缺点、进步和退步应给予正确客观的评价，并在此基础上给予适度的鼓励或批评、指正，这样才有利于孩子健康人格的形成。过分的夸奖、表扬会使孩子沾沾自喜、骄傲狂妄；过度的批评、责罚则会使孩子胆怯、不自信甚至自卑；过多的保护会使孩子依赖性增强、独立性减弱；而过于放任孩子又会使其变得自由散漫、任性蛮横。因此，父母只有正确把握教育孩子的"度"，才有可能使培养女孩的健康人格这一目标得以实现，才可能使女孩健康成长。

好家教需要好家风

父母都希望自己的"小公主"能拥有美丽与精彩的人生，而这一愿望能否实现与父母的教育和家庭的家风有着莫大的关系。

家庭的生活方式、父母的行为举止和家庭氛围构成的家风，能通过日常生活影响女孩的行为和心理，进而影响女孩人格的塑造。家风像是无字的典籍、无形的力量，对女孩是一种无言的教育，也是最基本、最直接、最频繁的教育，家风对女孩的影响是全方位的，女孩的世界观、人生观、性格特征、道德素养、为人处世方式及生活习惯等，都会打上家风的烙印。

家风是一种综合的教育力量，它是思想、情感、态度、精神、情趣及其他心理因素等多种成分的综合体，会在潜移默化中

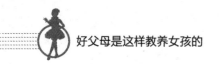

从各个层面对女孩的成长产生影响。在氛围良好的家庭中成长的女孩，更容易养成良好的性格、积极的生活态度和与人为善的品质。因此，父母必须着力营造良好的家风和家庭氛围，为女孩的成长提供优质的环境。

孩子的性格在未定型前的可塑性很大，这正是父母对其进行引导、培养的好时机。此时的孩子有明显的模仿性特点，父母可利用这个特点，对其进行良好的家风教育，给孩子树立好的榜样，使其形成良好的性格和品德。

教育专家强调，父母应当重视孩子最初形成的性格特征。虽然此时孩子的性格还没有定型，但却奠定了未来性格形成的基础。例如，有的婴儿一饿就大声哭闹，妈妈常常是一听到哭声，就放下手里的活儿，赶去喂奶；反之，对于饿了不叫也不哭的婴儿，妈妈常常把手头的事情做完了，才不慌不忙地去喂奶。久而久之，一哭就有奶吃的婴儿长大后可能会形成以自我为中心的"唯我重要"的意识，不愿意遵照集体规则行事，不懂得考虑他人的想法和感受，因此很难与人和睦相处、很难融入集体。而有规律地吃奶的婴儿，更容易养成耐心等待、尊重他人的意识，也能更好地适应未来的社会生活。所以，父母从最开始时就不能纵容孩子，要因势利导，发现问题及早匡正，这样才不会错过早期教育的好时机。

那么，父母应该如何陶冶女孩的情操，培养女孩的良好性格呢？应该从哪些方面去努力，去营造好的家风家教呢？

1. 追求高尚的精神趣味

父母要追求高尚的精神趣味，营造充实、高雅、丰富的家庭精神生活，防止低级趣味对孩子造成精神污染。

有些父母不注意为孩子创造好的生活环境，还有些父母认为环境好坏对孩子影响不大，这两种态度对于孩子的成长都是有很大危害的。比如，下面是一些孩子吐露的心声：

"我爸妈天天招来一帮人在家打麻将，总是吵吵闹闹，来玩麻将的人还一个个敞胸露怀，捶桌、跺脚，说话也很粗鲁……"

"我爸妈一打牌，我就烦。稀里哗啦的洗牌声，"啪啪"的拍桌子声，吵得我心烦意乱。我强忍着用手堵住耳朵背课文，可爸爸还不断地叫我给他的牌友递烟倒水……"

看看，在上述家庭中，孩子怎能健康成长？

因此，父母一定要提升自身的修养和品味，给孩子创造一个良好的家庭氛围，这样才能让孩子受到积极健康的精神影响，形

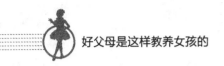

成良好的性格和高尚的趣味。

2. 营造浓厚的学习气氛

在当今的信息时代，知识的快速更新要求每个人都要坚持终身学习，这样才能跟上时代发展的脚步。父母无论做什么工作，都应该做到热爱学习，崇尚知识，让家庭充满学习的氛围。在这种"学习型家庭"中成长的孩子，自然也会形成爱学习、爱思考、爱知识的品质。

有个女孩在作文比赛中得了第一名，人们都以为她当编辑的父母一定为她修改过作文，做过指导。可是她的父母却说："我们每天连工作都忙不过来，哪有时间辅导她啊！"那么，女孩作文成绩好的秘密在哪儿呢？

原来，是家庭氛围起了作用——女孩的妈妈每天伏案改稿，爸爸埋头编辑，家里偶尔来了客人，与父母谈论的也都是如何修改文章。家庭中的这种文化氛围熏陶着女孩，久而久之，女孩也喜欢上了写作，并通过自己的学习和练习不断提升写作水平，取得了良好的成绩。

3. 保持和谐的家庭关系

良好家风的重要基础是团结、平等、和谐的家庭关系。如果家庭关系不正常，家庭成员之间互相指责、埋怨、争斗，生活在这样的家庭中的孩子感受到的就是冷漠甚至是敌对的情绪，心灵深处就会留下痛苦的印记，对其性格形成和心理发展都会造成严重的影响。

所以，为了给孩子的成长创造良好的环境，家庭成员之间应该和睦相处，互相关心，互相爱护。父母对孩子也要实行民主，像主动倾听孩子的意见，遇到事情平等协商，有些事情共同做出决定。

有些父母不注意家庭关系的建设，夫妻频繁争吵甚至动手，让孩子在缺乏爱和安全感的环境中成长，这是一种极不负责任的做法。

一个在学校里留了一级的女生说："我没法不留级，因为我在家没法学习。我的爸爸妈妈整天吵架，不是拍桌子就是摔东西。有时妈妈几天不回家，爸爸就拿我撒气。每次我看到爸爸坐在墙角抽烟，一抽就是几个钟头，我心里也烦极了，哪有心思学习啊！"

各位父母不妨想想，在这样的家庭关系中，孩子怎能健康地成长呢？

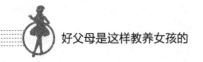

另外，要让孩子的生活充实，父母必须有积极向上的精神生活。人们需要物质生活，同时也需要精神生活；需要学习、工作，也需要休闲、休息；需要严肃、认真，也需要活泼、幽默。而家庭气氛过于沉闷或冷淡，不利于孩子良好性格的形成。

有些父母觉得与孩子嬉笑打闹有失"家长威严"。其实，与孩子在一起欢乐地游戏，有助于增进两代人的情感。当孩子和父母亲近了，就会比较听从父母的话，对父母产生信任感和亲密感，从而使父母的教育能更好地发挥作用。如果父母总是绷着脸，动不动发脾气，孩子的情绪也会受到影响，甚至会产生逆反心理。所以，让家庭充满欢乐气氛，能使孩子和父母的情绪得到调节，能提高家庭的凝聚力，从而帮助孩子健康快乐地成长。

在家风的形成过程中，不能忽视父母在孩子心中的影响力和潜移默化的作用。儿童心理学认为，在孩子的心目中，母亲是水，父亲是山，山水相依，缺一不可。因此，培养孩子的性格，父母都应该担负起自己的责任，确定自己合适的角色定位，这样才能更有利于教导孩子。具体有以下几个方面需要注意：

（1）父母应各自运用不同的教育方式，担负起不同的教育任务。

心理学家和教育学家指出，在孩子的成长过程中，父母因性别角色、社会分工、家庭分工的不同，应各自运用不同的教育方式，担负起不同的教育任务。一般来说，母亲偏重于生活和情感，父亲偏重于精神和心理；母亲强调稳定和谐，父亲强调创新发展；母亲传递着细腻、呵护和富有同情心等柔软的一面，父亲传递给孩子的是坚强、勇敢和敢于承担的精神，两者相辅相成、共同作用，造就孩子健全的人格。相反，如果过分地强化或弱化某一方面，都将影响孩子的心理成熟和性格完善。

例如，在父爱不足的环境中长大的女孩，容易胆小，意志脆弱，缺乏创新精神，过于依赖别人；而过于关爱的"保姆式"的母爱，又会导致女孩在情感和性心理发展方面的障碍。

在教育女孩的过程中，父亲和母亲都应该发挥各自的性别优势，让女孩既从母亲那里学到善良，学会同情，又能从父亲那里学会坚强和勇敢，以及独立思考的能力，这样的女孩才是拥有健全人格的。

（2）父母在孩子面前不应过于强势。

有些父母认为自己的女儿性格弱，总是唯唯诺诺、胆小怕事，因此感到忧虑。其实，女孩的坚强品质是可以锻炼的，作为

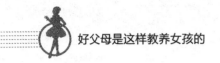

父母，不能太庇护、太娇惯女儿，应给她独立面对问题、解决问题的机会，让她在实践中锻炼自己。

有些父母认为如果自己过于能干、刚强，就没有孩子施展本领的天地了，孩子会变得软弱和依赖；相反，如果自己表现得柔弱一些，就会令孩子坚强起来。这种说法有些片面。其实，父母最应该做的是和女儿交朋友，多听听女儿的心里话，多关心女儿的日常想法。

（3）父爱的教育很重要。

心理学家指出：母爱可使女孩的身体和情感得到健康的发展，父爱则表现在教会女孩怎样解决她们人生中可能遇到的各种问题。母爱代表着人性和社会生活的情感方面，父爱则象征着事业、思想、秩序、冒险和奋斗，代表的是理性方面，主要表现在对孩子成就感的培养上。有人说："一个父亲胜过5个教师。"这话有些夸张，但也有一定的道理。想要培养出一个优秀的女孩，父亲的教育是不可或缺的！有关机构调查表明，如果父亲正确地参与到对孩子教育中，则女孩在数学和阅读理解方面的能力就会比较高，与人交往时会有安全感，自尊心也比较强，更容易与人相处。

由此可见，女孩理想的人格形成需要母爱和父爱两方面作用。然而，现在较为普遍的现象是，父亲们忙着为一家的生计奔波，而把教育、抚养孩子的责任和义务都推给了母亲，致使孩子所受的父爱教育严重不足。而在这种单一的教育环境中，孩子缺少以父亲为榜样的模仿及学习，所以很难形成勇敢、坚毅等优秀的品质。与此同时，幼儿园和小学的教师也几乎都是女性。女教师从自身天性出发，往往喜欢把"听话"、"守规矩"、"文静"当作好女孩的美德，而把"调皮"、"好动"、"爱提反面意见"作为"坏女孩"的标准。这种教育环境从小遏制了女孩的独立意识与坚强性格的发展，从而使其变得没有主见，容易形成所谓的"偏阴性格"，表现为脆弱、胆小、多愁善感、依赖性强、独立性差，等等。

而父亲如果能亲临教育"第一线"，有利于培养女孩的健康人格和自主能力，使她能更好地适应现实世界和未来社会。

那么，如何科学地表达父爱，最大限度地发挥父爱在培养女孩性格中的作用呢？父亲们不妨从以下几方面入手：

（1）常表达爱意。

父亲平时可多采用握手、拥抱、击掌等方式来向孩子表达爱

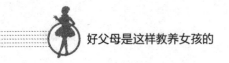

意，在她过生日或取得一些小成绩时，可用口头或书面语言表示祝贺、鼓励，激发孩子的上进心。同时注意关注孩子的思想、学业、心理等方面，经常同她一起探讨问题、交流看法，尽量满足孩子关于父女互动方面的需求，以此增进父女之间的感情。

（2）多花些时间和孩子在一起。

父亲应坚持每天与孩子共度一段时光。比如，经常与孩子一起玩游戏、看影视剧、听音乐会、看球赛、踏青野炊等。那些为生计奔波在外的父亲更应如此。因为女孩的气质、性格不是一朝一夕就可以形成的，唯有父亲同孩子相处的时间达到一定的量，孩子的记忆深处才有父亲与其活动和交流的印象。这样一来，孩子不仅能从父亲那里享受到父爱，还可以从与父亲互动中受到父亲的气质、情感、智力、人格等诸方面的影响，进而得到性格和心理的更全面、更健康的发展。

（3）做孩子的榜样。

父亲的一举一动都在潜移默化中影响着女孩的成长，作为父亲，必须以身作则，成为孩子的榜样。要想女孩有坚强的性格，有宽容的胸怀，有做事百折不挠的信念，父亲就不能忽视自己榜样的力量。父亲不能表现出怯懦，要表现出坚强；而要想孩子心胸豁达，父亲就不能心胸狭隘，要有开阔的心态和胸襟。

给孩子做榜样最重要的是"做"，而不是"说"。父亲的一举一动都会被孩子看到眼里，如果父亲的教育只是口头上的，而不能以行动做出表率，孩子就很难从内心真正接受这种教育。做父亲的不仅应该为人正派、有上进心，更要以民主的态度对待孩子，以自己的行为告诉孩子应该怎样为人处事。父亲即使做错了事情，也应该向孩子道歉，这是维护父亲形象的最好方法。

（4）给孩子心灵上的支持。

孩子可能会做错一些事情，这时父亲一定要和孩子共同分担压力，帮孩子认识错误并弥补过失。作为孩子的"老师"，父亲应该很多事情都想在前面，父亲不仅要关注孩子的身体健康，更要使其有良好的心态。这个"教练"角色称职与否，直接关系到女孩性格的形成和智力的开发。

成长中的女孩需要融洽的、和睦的及科学的家庭教育，因此父母需要不断充实自己，提高自己的综合素质，同时双方默契配合，共同努力为孩子营造一个积极、和谐的教育环境，如此一来，父母在家庭教育中，就会收到事半功倍的效果，就会培养出优秀的女孩。

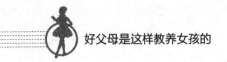

🎀 做孩子的知心朋友

不少父母常常为教育女儿感到头痛，觉得女儿与自己的思想观念差距太大，而孩子有时也会抱怨父母顽固守旧，过分干涉自己的社会交往、生活方式、消费观念等。这都是亲子间缺乏相互理解、互不相让造成的后果。对此，回避不是解决问题的办法，因为，"代沟"是客观存在的，父母必须正视这一问题，主动与孩子沟通交流，多理解孩子。

李妈妈与女儿的"战争"一触即发，导火索就是对事物的不同看法。

女儿染了发，美滋滋地哼着歌回来。妈妈见了，很不高兴地说："你染头发也不告诉我，染得七红八绿的，好好一个脑袋，成调色板了！"

女儿不高兴地说："哎哟，妈，这都什么年代了，尝试尝试新事物也不行啊？"

女儿班里组织春游，拍了很多照片，其中有几张女儿和男同学的合影，按照妈妈的看法来衡量，距离过近（那距离实际上确实没什么）。

妈妈说："这是谁家男孩，靠你这么近想干什么？瞧你还美滋滋的！"

女儿不乐意了："不就是照张相吗？有什么大惊小怪的，再说了，他就是我的同学！"

女儿出去旅游，从外地回来，给妈妈带了礼物。妈妈说："乱花什么钱，带什么礼物啊，羊毛还不是出在羊身上？"

女儿扫兴地说："我给您买礼物本来是想让您高兴的，没想到您会这样说，我以后再也不买了。"

女儿的零花钱总是告急，妈妈说："你真是不会计划啊，大手大脚地花钱，看你以后自己赚不了那么多钱怎么办？想想我们小时候……"

女儿说："行了，您别说了，您那个时候，一根冰棍才几分

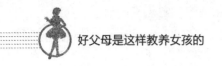

钱，对吧？可现在什么时候了，能比吗？我那点儿零花钱，花得已经够节约啦！"

上述案例中妈妈与女儿的几个生活场景在现今家庭中很普遍。现在的女孩大多是独生女，家中没有兄弟姐妹。女孩因为性格比较温柔细腻，所以她们有时会感到寂寞和孤独，因而更渴望与父母沟通。而且，社会和父母对女孩的期望、学习的压力也会经常使她们透不过气来。如果父母不能理解她们，及时疏导她们的情绪，她们就会表现出急躁、委屈等不良的情绪，无法与父母正常交流。

现今孩子虽然年龄小，但是想法并不比成人少，比如，我们来看看下面案例中一些女孩的心声：

"我妈对我管得特别严，什么事都干涉。比如说，我每天去哪儿，几点回来，说哪些话，做哪些事儿，买什么衣服，怎么穿，电视看几个小时，看哪些频道……这些事都得听她的，甚至连用哪个牌子的卫生巾都得我妈说了算。"

"我觉得我已经长大了，有些事自己应该可以做主了，可在我们家根本没有民主可言。上次我去同学家玩，我妈规定我晚上9点必须回家。我就迟到了半个小时，回家我妈就唠叨了我一个钟头，竟然还说：别说半小时，给你规定的时间你迟到一分钟都不行。现在我每天都觉得特别压抑，压根喘不过气来，家里好像牢房……"

上述案例中女孩们的怨气说明了一个问题：父母与孩子有"代沟"，因为没有足够的沟通交流，父母不理解孩子想法，孩子也不理解父母的爱意。做父母的，肯定是全心全意地爱着自己的孩子，但父母怎么管孩子、怎么爱孩子，其中有很大的学问。

下面再看一个案例，这是一个母亲的日记：

这天晚上，女儿写完作业后跑到我身边一把抱住我，头埋在我的怀里一动不动。我有些诧异，问："宝贝，你怎么了？"半晌，女儿抬起头来一脸的不悦，说："妈妈，今天我很不高兴，因为我们班有个男生说了一句很恶心的话。""是吗？说了什么话啊？"女儿不好意思地看看我："他说我们班的某某喜欢我。"说完，女儿不安地低下了头。

我不禁笑了，才10多岁的女孩啊，竟也会为"喜欢"而伤脑筋了。我问她："有人喜欢你，你应该高兴呀，别人喜欢你，说明你是个讨人喜欢的女孩，这应该是一件很好的事情啊，你为什么不高兴，难道你不想让大家都喜欢你吗？"

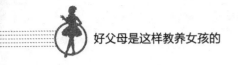

女儿迷惑地睁大眼睛看着我，说："可是，他还说某某要跟我结婚啊。"

我愣住了，没想到现在的孩子成熟得这么早，知道男女互相喜欢就是要结婚了。我又问女儿："你知道结婚是什么意思吗？"女儿迟疑了一下，说："就是……就是要住到一起，像爸爸妈妈一样。"我心底又吃了一惊，女儿对"结婚"的意思领会得还挺对的，那么，该怎样去引导她正确对待这件事情呢？

我想了想，抱着她说："被别人喜欢是件好事，同学说某某喜欢你也没什么不对，但他说某某要跟你结婚这就不对了。因为结婚是大人的事情，是要等到你们都长大成人，学业结束，开始工作的时候才可以做的事情。你的同学还小，不懂得结婚的意思，他可能只是说说而已，你不必为他说这样的话而不高兴，只当是个笑话听吧，不要在意，好不好？"女儿听完乖巧地点点头。

这个案例中的母亲就是一个能和孩子平等对话的母亲，她听得懂女儿的心声，并且用巧妙的方式化解女儿的烦恼，引导她正确看待问题。

其实，每一个女孩都是独特的个体，其心理特点具有发展性、多变性、可塑性，她们在不同的时期会有不同的烦恼，如果父母不了解女儿各阶段的内心，所用的教育方法不对，亲子双方都会感到痛苦，而且会白白浪费许多时间与精力。所以，女孩在成长的过程中，需要父母的陪伴，需要父母的指导，也需要父母的倾听。

懂得教育方法的父母和孩子的关系是对等的，他们会尊重孩子，常与孩子沟通，因为他们懂得，这是他们了解自己孩子最直接最有效的渠道。父母如果能和孩子建立起和谐的亲子关系，孩子就比较愿意与父母交流，这也有助于父母的教育意图的实现。但如果教育方式不当，就容易产生"代沟"。那么，父母怎样才能消除"代沟"、加强和女儿的沟通呢？

1. 要做女儿的知心朋友

父母应适当地放下"家长的架子"，积极地同女儿交朋友，平等地同女儿谈心，帮助女儿排忧解难，在家庭内形成民主、平等的气氛。要做到这一点，就要从日常小事做起。父母下班回到家，要多抽出时间和女儿聊聊天，询问一下孩子的学习和生活情况，了解孩子的所思所想。餐桌上，父母可以与女儿谈一些轻松愉快的话题，在看电视的时候，可以积极地与孩子讨论一些有趣

的节目。父母还可以利用周末经常抽空陪孩子买书、参加体育锻炼、听音乐、看电影等，增加和孩子的相处时间，拉近彼此之间的感情，让家庭形成一种温馨和谐的氛围。

2. 要让女儿了解父母的辛苦

有些父母为女儿辛勤付出了很多，但不善于表达，又因为得不到女儿的回报而沮丧失落，进而影响了亲子关系的和谐。对此，父母也不妨经常找时机适当地向女儿敞开心扉，说说心里话，让女儿了解自己的心情，明白自己的付出，这样，孩子就会逐渐懂得父母为自己付出的不易和生活的艰辛，才会拥有感恩之心，才会自发地关心、体贴父母。

3. 拉近与女儿的距离

父母要想与女儿实现顺畅的沟通交流，营造良好的家庭气氛和融洽的家庭关系，首先要拉近与女儿的距离。为此，父母应当做到以下几点：

（1）对孩子要有宽容心。如果孩子一时犯了错，父母切不可抓住其错误不放，要帮助孩子寻找错误的原因，然后心平气和地指出其错误之处，共同分析因果得失，引导孩子吸取教训，避免再次犯同样的错。这种仁爱与宽容之心会影响女儿，并使其能感受到父母对她的关心与关爱。

现在的孩子大都很有主见，有时和父母观点不一致，这很正常。对此，父母不能因为怕丢面子而非要凌驾于孩子之上，更不能把自己的观点强加给孩子。父母要多听听女儿的想法，多征求她的意见，使她感受到尊重，这种民主式家教不仅会受到孩子的欢迎，更重要的是能保持亲子关系的和谐，使得孩子更容易接受父母的教育，及时改正自己的错误。

（2）要换位思考、将心比心。在家庭中，父母虽属施教的一方，但也不能总是充当"批评家"的角色，而应经常换位思考，站在女儿的角度思考问题，这样才能更好地理解女儿的想法和心理，亲子关系也会更加和谐。如果女儿犯了错，可以尝试先把孩子引到教育者的位置，要她说一说对类似错误的想法，引导她将心比心，换位思考。这种方式会比较容易被孩子接受，家长的教育目的也大多会顺利地达到。

（3）对孩子不要过度疑心。女孩在成长过程中会面临许多问题，因此父母对孩子有各种各样的担心。但父母对孩子的担心一定要把握好"度"，不能让担心变成疑心，因为疑心是父母与孩子关系和谐的大忌。父母要相信孩子，即使出现了问题，在

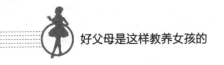

没有掌握准确事实的情况下，切忌过早地下结论，以防伤害孩子的自尊心，更不能胡乱猜测，以免孩子因被猜疑而产生心理压抑和逆反心理。

4．每天给孩子一个好心情

好父母每天早上和孩子一起吃早饭，然后把她送出家门，说上几句鼓励的话，可以使孩子在一天中都心情愉快、信心百倍。父母下班回到家里，不要急着做饭，先与孩子交流一下，问问她这一天过得如何、有什么感想。

女孩是非常依恋父母的，一天不见，她会有许多"奇闻逸事"要讲给父母听，而此时父母一定不要冷落和敷衍孩子，要认真倾听她的话，并给予积极的反馈，让孩子感受到父母的关心和关爱。

5．节假日常带孩子出去玩

如果父母平时上班忙，没有多余的时间陪女儿，那么节假日应尽量多带孩子外出旅游观光，或者一家人出去野餐休闲，以此增进父母与孩子间的亲密关系。节假日全家出游，不但可以使孩子体验到父母对她的爱，父母也可以缓解压力，这是亲子和谐的好方法。

以上是父母在与女孩沟通时应当坚持的一些原则和方法。但现实中的一些家庭，父母在与孩子沟通的过程中实际上是存在沟通误区的，这是应该极力避免的，那么，父母在与女孩沟通时要注意避开哪些沟通误区呢？

误区一：对女儿严，对自己宽。

孩子像父母的一面镜子，如果父母平时言行不端，在教育孩子的时候就比较缺乏说服力，因为孩子更看重的是父母的行为而不是他们的言辞。要记住，孩子有时是用放大镜来看父母的，她不反驳你不一定就是接受你。父母如果自己"说一套做一套"，要求孩子又是"另外一套"，就很难真正得到孩子发自内心的认同和尊重。所以，父母要在平时生活中注意自己的言行，给孩子做好榜样。

误区二：期望值过高。

父母对孩子的期望值不能过高，一定要实事求是，因势利导，顺其自然，要设身处地为孩子排忧解难，而不要无休止地对孩子提出要求和命令。因为，当父母无休止地对孩子提出要求时，孩子必然会产生反感，特别是如果父母期望值过高，孩子达不到，就会产生逆反心理。时间一长，随着这种反感的积累，

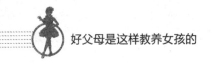

"代沟"问题就会越来越严重。所以，父母应该明白：拔苗助长只会事与愿违，不切实际地急于求成更会加深亲子间的"代沟"。

有一位父亲，曾经试着和女儿"互换角色"——女儿当父亲，父亲做女儿。"父亲"向"女儿"提问题："别人挣1000元，你怎么挣800元呢？别人家住三居室，你怎么住平房呢？别人有高级职称，你怎么还是助理呢？"这位真正的父亲虽然很有涵养，但最终还是受不了女儿这样的提问而大发雷霆。父亲认为女儿怎么能不看实际情况一味地要求父亲挣大钱、住好房、有高级职称呢？后来通过这个游戏，父亲悟出一个道理：平日自己对孩子的要求太高，让孩子也压力很大，看来对孩子以后提要求也得合情合理、实事求是。

误区三：缺乏耐心的教育说理，采取粗暴的打骂方式。

打骂教育是一种畸形的家庭教育方式，家长应该避免使用这种教育方式，因为打骂是对孩子的错误所采取的一种不良的处理方式。父母教育孩子的目的本是让孩子克服缺点、纠正错误，帮助孩子分清是非，明确努力的方向，但是，打骂的方式不仅不能让孩子心服口服，认识到自己的问题并下决心改正，反而会增长孩子的消极情绪和对立情绪，使问题更加严重化，甚至使亲子关系产生隔阂。

误区四：过多地唠叨。

有些父母对孩子从早到晚只会说三句话。孩子早上起床时说："快点起来，要迟到了！"孩子出家门时说："上课要注意听讲，不要做小动作，放学早点回家。"孩子放学回来时说："考了多少分？被老师批评了没有？"

教育专家把父母的这些"唠叨话"总结为"正确的废话"和"无效的命令"，因为这些话不仅使孩子十分反感，甚至很多孩子从不把这些话当成应该记住的话，因此，父母的教育目的也无从实现。所以，父母应与孩子做深入的、有效的沟通，真正了解孩子的所思所想，而不是一味地唠叨，把自己的想法强加给孩子。

误区五：父母喜欢揭孩子的"短"。

孩子在成长过程中经常会出现一些问题，这是正常的，因为成长的过程就是经历问题解决问题的过程，并且有时孩子对自己的毛病也有要改正的想法，这时作为父母应当及时给予鼓励，进行诚恳的提醒和帮助，给孩子改正缺点的勇气和力量。

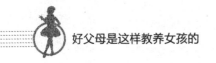

女孩往往比男孩更加敏感，如果女孩犯了错误，心理会更加脆弱，更需要父母的谅解与安慰。而有的父母不明白这样的道理，他们会在女儿面前反复指责她的缺点和错误，或者当着外人大声叱责孩子，挫伤她的自尊心，导致她没有勇气面对自己的错误，并且对父母产生不满情绪，对亲子关系产生不良影响。

🎀 塑造女孩的好性格

性格影响人的一生，这话一点不夸张。因此，许多父母通过各种方式训练孩子，希望自己的孩子性格"更好"更完善，比如有些父母希望让自己过于内向的孩子开朗一些，有些父母希望让自己过于外向的孩子内敛一些。

李女士的女儿今年六年级，学习成绩一直名列前茅，但是性格有些木讷，这让李女士很着急。她认为，女儿现在的性格会成为她未来发展的障碍。李女士说："孩子她爸爸的性格也是如此，不爱说话，不善交际，只懂得钻研业务，升职这样的好事总也轮不到他，我可不希望孩子以后也是这样。"因此，李女士不停地为改变女儿的性格做出各种努力。比如带女儿出席各类聚

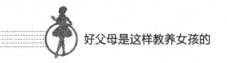

会，报名参加各种演讲比赛等。然而，女儿并没像李女士期待的那样变得性格开朗，话反而更少了。对此李女士抱怨道："这孩子一点也不改变，甚至跟我说话都带着怨气，好像是我害她似的……"

望子成龙、望女成凤是多数父母共有的心理，父母大都希望通过各种努力，让孩子的性格变得"完美"，以求能最大限度地获得成功。父母美好的愿望无可厚非，但这里我们首先要弄清楚几个问题。

1. 什么是性格？

事实上，生活中我们所说的"性格"，大体上包括心理学中的"气质"和"性格"两个概念。

决定气质的是生物学因素，也就是说，它来自遗传，是稳定的，不易改变的。气质分为多血质、胆汁质、黏液质和抑郁质四个典型类型。我们常说的活泼好动、思维灵活的外向性格多是指多血质和胆汁质，而安静沉稳、不善交往的内向性格多是指黏液质和抑郁质。

心理学意义上的"性格"指的是一个人对现实的稳定态度和习惯化的行为方式中表现出来的人格特征，比如勤奋、慷慨、诚实、礼貌、遵守时间和规则等，它是环境的产物，是人社会化的结果，是人的社会属性。所以，人的某些性格特点，尤其是小孩子的性格特点，是可以通过后天的努力进行适当改善的。不过，人们所说的内向性格和外向性格，受遗传因素的影响更多，不易改变。

2. 性格有优劣之分吗？

很多人认为，"好性格"应该有一个固定的评价标准，只要是符合这个标准的人，就算是"好性格"。但事实并非如此。不同的行业对从业人员有不同的要求，并不是只有外向性格的人才能各方面得到发展；内向性格的人也同样能在某些领域发挥自己的优势并取得发展。比如从事教师职业的人需要有善于沟通的特点，而从事科研工作需要沉稳、仔细，能沉下心来进行钻研工作。有些父母刻意将孩子向一个所谓的"理想性格"方向培养，而不去考虑孩子的天性，强迫孩子改变自己的性格，这会让孩子无所适从，给孩子带来很大痛苦，而且父母的目的也不可能实现。

那么，要正确地培养女孩的性格，父母需要做些什么呢？

（1）搞清楚"成功"的定义。

所有父母都盼望自己的孩子能成功，追求成功并没有错，

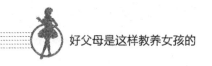

错的是很多人篡改了成功的定义，认为成功就是让孩子各个方面都优秀，但这是不切合实际的。因为在现实生活中，每个人总有自己不擅长的方面。其实，在保证孩子身心健康成长的基础上，根据孩子的天性和天赋寻找一条适合孩子的路，鼓励孩子努力前行，这未必不是一种成功的生活。

（2）遵循孩子的成长规律，帮助孩子客观地认识自己，看到自己的价值和优势。

每个孩子的父母都希望自己的孩子越来越优秀，但是，塑造孩子的性格要尊重科学规律。在孩子成长的关键时期，是认识自我、确认自我价值、形成自信的时期，这时的孩子需要父母的鼓励和肯定。如果在此期间孩子总是被否定、批评、呵斥，孩子的自我评价会很低，可能会导致孩子的自信心下降，甚至于从此在低自我评价中成长，影响孩子今后的成长和生活，尤其是女孩的心理格外敏感，更需要父母的肯定和鼓励。

（3）给孩子一定的机会，但不要强加于孩子。

针对孩子的不同性格和心理特征，特别是女孩子天生就比男孩子内向、容易害羞，父母可以有意识地创造机会，让孩子在愉悦的氛围中适当地改善性格，但切勿施加太大的压力，特别是将自己的想法强加在孩子身上，这样做的结果只会适得其反。

人的性格虽然不是一成不变的，但是性格一旦形成便有着相对的稳定性。心理学认为人的性格初步形成于婴儿时期，3岁的幼儿在性格上已经有了明显的个体差异，性格的基础和方向已经奠定。所以，父母要尊重孩子的性格，不要用自己的标准去"组装"孩子，这样不仅会让孩子痛苦，也会给自己增加压力。父母爱孩子，就应该顺应孩子的发展，科学地养育孩子，逐步解放孩子的天性。

（4）要充分了解孩子。

一些父母认为，孩子每天与自己生活在一起，还需要特意花精力去了解孩子吗？其实，孩子正处于成长期，其身心每天都在悄悄发生变化，如果父母不用心对待的话，就不能准确地了解自己的孩子。

所以，父母必须关注孩子，了解孩子，善于发现孩子在想什么。当孩子做出一些成人难以理解的事情时，父母不应马上质问或训斥，而是要平心静气地站在孩子的角度上思考一下孩子的行为是否有合理性，孩子这样做的原因可能是什么。通过这样的思考，父母会更容易了解孩子，而了解孩子恰恰是教育孩子成功之

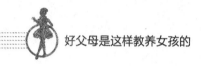

道的开始。

（5）对待孩子要有耐心。

孩子其实就是父母的影子，你以什么样的态度对待他们，这种态度就会潜移默化成为他们性格中的一部分。父母一定不希望自己的孩子成为一个没有耐心甚至粗暴的人，所以父母对待孩子也一定要有耐心。

当父母精心准备好饭菜，孩子却一口都不吃时，父母要去与孩子耐心沟通；当父母有一大堆事想等着孩子入睡以后再做，孩子却无论如何不肯睡时，父母不要急躁，要耐心与孩子沟通；当父母晚上困得要命，孩子却缠着自己没完没了时，父母再难受，也要让孩子先睡了……父母工作一天，劳累一天，会有烦躁着急的时候，但遇着孩子"不听话"时，应压制着自己的怒火，心平气和地对待孩子——父母必须这么做，因为孩子有情绪是正常的。

（6）父母必须言出必行。

有些父母也许会认为：孩子小，偶尔骗骗他们没关系。这种想法是绝对不可取的，除非你们希望自己以后也被他们骗。

为人父母言出必行很重要，因为只有这样才能赢得孩子的信任，成为孩子的榜样，才能对孩子有效地进行教育。否则，父母会失去孩子的信任，父母说的一切都会被孩子当成耳旁风。

（7）对孩子的教育标准始终如一。

父母对孩子的教育标准应尽量做到始终如一，以免造成孩子思维、判断的混乱，包括处理同样的事件要给出同样的标准，如果父母今天允许孩子这么做，明天没有任何理由却告诉孩子不许这么做，孩子便会不理解。

父母或许会忘记自己行为的不一致，可孩子绝对不会忘记。久而久之，父母会发现自己的要求很难贯彻下去。于是，父母会认为自己的孩子任性，其实不是，因为这其中很大一部分原因是父母造成的。

（8）父母不要把自己的意愿强加给孩子。

每个孩子都有自己的想法，即使父母认为自己有充分的理由，也无权要求孩子事事按照自己的意愿来做。比如，在女儿还想玩耍的时候要求她去睡觉，或是在她不想吃饭的时候一定要她把一碗饭全部吃掉。多数情况下，父母强加给孩子的结果只能适得其反。

相反，如果父母让孩子按照自己的意愿行事，孩子不但开心、乐观，还能养成独立、有主见的性格。

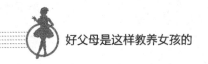

（9）让孩子了解父母的感受。

父母都希望自己的孩子成为受欢迎的、有着高情商的人，要做到这一点，最重要的是让孩子懂得考虑他人的感受，懂得体谅他人。成人的世界有太多的辛苦和不如意，父母或许不想让孩子过早知道这些，但从小让孩子了解父母的感受，体谅父母的辛苦，对孩子却是很有益处的，能让孩子学会体谅和感恩。

（10）父母需要提高自身素质。

人的性格是在一定的生活环境与教育影响下形成的，父母是孩子的表率，父母的言行对孩子成长的影响是深远的，积极的影响会使孩子形成积极的性格，而消极的影响会导致孩子形成消极的性格。因此，父母应当充分发挥良好的家庭环境和家庭教育的重要作用，促进孩子形成良好的、积极的性格。

父母应该以身作则，规范自己的言谈举止，先做好女儿的第一任老师，然后带着极大的责任心去引导她、培养她的好习惯。如果父母自身素质低，没养成好习惯，孩子也很难从父母身上学到积极的东西，养成好习惯。所以，为人父母必须自律，给孩子做出表率。

（11）父母对孩子的性格养成要有意识地引导。

如果父母发现孩子的性格中存在一定的缺陷，就要有意识地去引导孩子的性格向积极的方向发展。比如，父母在给孩子讲故事的时候不要只讲故事情节，而是要将孩子的优缺点恰当地与故事"挂钩"，告诉孩子应该怎样去做，要向故事中的主人公学习什么。再比如，看电影时，和小朋友玩时，父母都要有意识地对孩子的性格进行适当的教育。

（12）不能迁就孩子的任性。

父母在教育孩子时要坚持原则，对于孩子的无理要求绝对不能满足，因为迁就和纵容会助长孩子的"以自我为中心"的意识，容易使孩子变得自私自利，完全不懂得感恩，认为一切都是理所当然的，这样的孩子的心理发展是扭曲的，长大之后也很难在社会中立足。因此，父母要拒绝孩子的不合理要求，让孩子明白，这个世界并非可以为所欲为，人要学会控制自己的欲望。而不曾被拒绝过的孩子长大后是经不住挫折考验的。因此，为了孩子将来的幸福，父母在孩子成长过程中，应施以理智的爱，学会对孩子的不合理要求说"不"。

现今，有些女孩自小受祖辈和父母的宠爱，享受着家庭各个

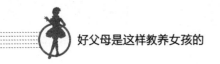

成员对她的"百依百顺"与"有求必应"，养成了任性、撒娇、好发脾气的不良习惯。

孩子任性，父母要及时教育，否则会影响她的性格发展。有些父母说："几岁的小娃娃，懂得什么？长大了自然就懂事了。"这种说法很有问题。古人说："少若成天性，习惯如自然。"孩子的好习惯、好性格必须从小培养。所以，父母一定要为孩子的长远发展着想，重视孩子的早期教育，对孩子千万不能要什么就给什么，因为，这不是爱孩子，是害孩子。还有，父母应有意识地让孩子在生活中碰碰"钉子"，遭受一些小挫折，这对他们有利无害。久而久之，会让孩子的心理变得更强大，长大后会很快适应社会，能够与他人友好相处。

🎀 选择爱的教育方式

教育对一个人的发展起着至关重要的作用，因此绝大多数父母都很重视对孩子的教育。他们不仅仅满足于让孩子在幼儿园、学校接受基础知识的教育，还希望孩子在其他方面也要出类拔萃，于是许多父母在课外给孩子请家庭教师，或让孩子参加各种特长班。这样做的父母通常都是基于一种认识：孩子所受的教育越多，发展就越好。但这种看法有其不妥之处，因为，不是孩子所受的教育越多，学习的时间越长，孩子就一定会比他人更加优秀。想要自己的孩子能够出类拔萃，最重要的还是要让孩子有好的性格，能发挥出自己的长处，而这对于父母找到最适合教育孩子的方法很重要。那么，什么样的教育方法最适合自己的孩子成

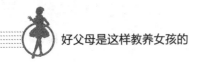

长呢，很多父母其实并没有认真思考过。

许多父母一直都在想的是如何让女儿听自己的话，让她乖乖地按照自己给她制订的教育方式学习。但是"天不遂人愿"：女儿常常不听自己的，纵使父母怎么说教、怎么干涉，也无法打造出按自己意愿发展的女儿。比如，有的父母希望女儿成为妙笔生花的才女，可女儿对文学偏偏没有兴趣；有的父母希望女儿学理科，认为以后好就业，可女儿偏偏擅长遣词弄句，对数理化基本上一窍不通；有的父母不惜重金给女儿请家教学钢琴，每天规定她练琴数小时，可孩子就是提不起对音乐的兴趣……

其实，每个孩子都有其独特之处，作为父母，不能将自己的意愿强加在孩子身上，让他们去学自己不感兴趣或者很难学好的"东西"，这样做，对孩子的发展有百害而无一利。

人的发展受遗传、教育、环境及主观能动性等多种因素影响，每个孩子的天分不一样，因此发展的方向以及父母所应采取的教育方法也不一样。有一位教育家曾经说过："教育只能根据人的天分和可能性来促使人的发展，而不能改变人生来就有的本性。"

比如，有的专业对人的天赋要求比较高，像文学、艺术和体育，在这些领域能够取得一定成就的人，通常都具备所从事专业要求的先天素质，这些人虽然也要经受后天艰苦的训练，但是倘若不是先天的"底子"好，通常后天也难以取得较好的成绩。所以，父母不能盲目地拿自己的孩子与别人家的孩子攀比，每个孩子所适合的发展方向是不一样的。很多父母对孩子抱以很高的期望，在课外给孩子制订多种学习计划，这无疑会给孩子增加很多负担，同时也使孩子的天赋得不到专门的培养。孩子整日忙于学习多种知识，参加多项技能的训练，根本没有时间和机会去发现和学习自己真正感兴趣和擅长的事情。这种不管孩子喜欢不喜欢、愿意不愿意而进行的强制性教育，不仅不能促进孩子的身心健康发展，而且很可能给孩子造成负面影响。

所以，父母一定要谨慎地选择教育方法以及对孩子的培养方向。父母既要保证孩子有接受优质教育的机会，又不能给孩子盲目地增加额外的"负担"。具体可参考如下建议。

1. 把女儿当作具有独立人格的人

在教育上，父母应该把女儿真正当作一个具有独立人格的人来看待。女孩不像男孩，有的父母认为应该"富养"，这是不对的，女孩也会有自己的想法，有自己的喜好，很多女孩愿意独立

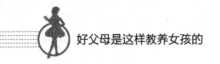

地做事，因此父母要把女儿作为"人"来平等地看待。父母不能将自己的喜好强加在女儿身上。在教育女儿时，首先要给予她应有的尊重，多听听她怎么说，多问问她有什么意见。家庭教育只有建立在尊重孩子的前提下，才有可能取得良好的效果。

2. 给予女儿无条件的支持和爱

不管女儿是不是足够聪明，不管女儿的学习成绩是不是比别的孩子优秀，也不管女儿以后能否出人头地，父母都要用慈爱宽容的目光去鼓励她，一直站在她的身边给予支持。父母不要觉得自己的孩子没有别人家的孩子优秀就冷落她，训斥她。每个女孩都像一朵尚未开放的花，她的未来拥有无限可能，而父母的爱一定会使她更健康地成长。

3. 用孩子需要的方式去爱孩子

没有父母不爱自己的孩子，可有些父母却不知道如何表达自己的爱，不清楚什么样的爱才是孩子最需要的。有些父母对孩子管教得十分严厉，整天板着脸，总是批评、指责孩子；有些父母却过于溺爱孩子，倾其所有满足孩子的一切要求。这两种做法都是不恰当的，都不是对孩子真正的爱。

父母要学会用孩子所需要的方式去爱孩子，用孩子所需要的方式去帮助孩子。每个孩子所追求的东西是不一样的，如果有一天孩子选择了和父母期望中不一样的道路，父母也一定要理解孩子、支持孩子。

4．鼓励女孩学会坚强

生活是艰难的，女孩子也要学会坚强，不能太脆弱。任何孩子在蹒跚学步的时候，如果多摔倒几次，就能慢慢学会走路。在女孩的成长过程中，父母要"狠得下心"，在她遇到困难、遭遇挫折的时候，不要代替她解决问题，而应给予孩子支持和鼓励。父母要对孩子有信心、有耐心，多对她说"没有关系，再来一次"，让她学习自己应对难题，提高分析问题、解决问题的能力，逐渐养成坚强的性格。

5．通过沟通解决问题

每个孩子在成长的过程中总会出现一些问题，女孩也一样，当出现这些问题时，会让父母感到无奈、沮丧甚至愤怒。其实孩子有时并不是故意要出问题，比如调皮，故意惹父母生气。由于孩子经验有限，有时不能分辨对错，不知道怎么做才算正确，所以出现问题。对此，父母要找到有效的方法，帮助孩子解决那些存在于他们身上的"问题"和"毛病"。这样，父母的养育工作

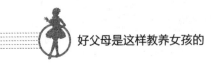

便会变得轻松。

而有效的方法从哪里来呢？了解孩子心理，多与孩子进行沟通就是最有效的途径。比如，当孩子出现问题时，父母通过与孩子沟通，了解孩子的真实想法，找到问题的症结所在，进而对症下药，就能帮助孩子克服"毛病"，解决问题。

6. "因材施教"

一位著名教育专家曾经说过，教育的理论非常简单，早在两千多年前孔夫子用"因材施教"四个字就把它说完了。但要真正做到因材施教却是极为困难的，因为每个孩子都不一样。父母要教育好孩子，除了要学习一些基本的教育原理，更重要的是要找到适合自己孩子特点的教育方式和方法。在这方面，居里夫人的做法非常明智。

居里夫人有两个女儿：伊蕾娜·居里和艾芙·居里。居里夫人教育女儿遵循的原则是：发掘女儿的天赋，而不是让她们死记硬背那些死知识。

早在女儿们牙牙学语时，居里夫人就开始对她们的天赋进行发掘。她在笔记里写道："伊蕾娜很擅长数学，艾芙在音乐上很有天赋。"当女儿们上小学时，居里夫人就让两个孩子每天放学后在家里参加一个小时的智力活动，以便进一步发掘她们各自的才能。当两个女儿进入塞维尼埃中学后，居里夫人让她们每天补习一节"特殊教育课"：有时是由·佩韩教她俩化学，有时是保罗·郎之万教她们数学，有时是由沙瓦纳夫教她们文学和历史，有时是由雕刻家马柯鲁教她们雕塑和绘画，有时是由穆勒教授教她们外语和自然科学。而每星期四下午，居里夫人会亲自教两个女儿物理学。

经过两年的特殊教育，居里夫人觉得，伊蕾娜性格文静、专注，对化学非常迷恋，这些正是科学家所应具备的素质；而艾芙生性活泼，想象力丰富，但始终对科学不感兴趣。又经过一段时间观察，居里夫人发现艾芙的天赋是文艺，便着重从文艺方面对她加以培养。在居里夫人的培养下，伊蕾娜·居里于1939年获诺贝尔化学奖，艾芙·居里成为一位优秀的音乐教育家和传记文学作家。

由此可见，因材施教非常重要。父母要想取得良好的教育效果，必须首先发掘孩子的天赋，以此为基础采取的教育方法才是最适合孩子的。

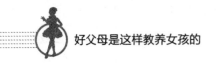

7. 允许女孩适当地宣泄情绪

女孩子在遇到挫折、问题时，常常"爱哭"。而父母应该允许自己的女儿适当地表现出悲伤，不能对她要求太过严厉。悲伤是人的一种很正常的情绪，在孩子哭泣时，父母不能大声呵斥，应该让她尽情地发泄心中的低落情绪。只要发泄够了，她的心情自然会恢复平静。当然，如果孩子需要父母的帮助，父母也应该及时给予孩子安慰，多站在孩子的角度上想问题，尽力引起孩子的情感共鸣，从而缓解孩子的不良情绪。

8. 保护女孩的自尊心

女孩子的自尊心往往比男孩子更强，但心理承受能力却比较脆弱。当女孩犯错误的时候，如果父母斥责的言语过于尖锐，很容易让她的心灵受伤。而有些女孩也许会慑于家长的威严，渐渐变得循规蹈矩，以获得父母的夸奖，但是她们的内心深处是有不满情绪的。而对于一些脾气犟、个性强的女孩来说，父母越是训斥，她们越是反抗、叛逆。

那么，怎样保护女孩的自尊心呢？教育家陶行知的做法颇值得家长们借鉴。

陶行知在育才学校任教时，班内的一个女孩在考试题中少写了一个标点，结果被扣了分。试卷发下来后，这个女孩偷偷地添上了标点，来找陶行知改分数。当时陶行知虽然看出了问题，但是并没有挑明，而是满足了女孩的要求。

不过，陶行知在那个标点上重重地画了一个红圈。女孩顿时领会了老师的意图，惭愧不已。多年以后，那个女孩有所成就，她找到陶行知说："从那件事以后，我下决心用功学习，一定要做个诚实的人。"

由此可见，陶行知的一次"沉默暗示"不仅没有纵容那个女孩养成投机取巧的坏习惯，反而使她顿悟，下决心诚实做人。试想，如果陶行知当面指出那个女孩的"小聪明"，结果会怎样？女孩或许会被迫认错，或许碍于情面，死活不认。但是无论哪种结局，她的自尊心都将受到伤害，更谈不上对她有什么教育作用了。

简单粗暴的教育方式只会扼杀孩子的个性，伤害孩子的自尊心，对孩子的成长有百害而无一利。而恰如其分的暗示教育方法不失为明智之举，能够取得"此时无声胜有声"的教育效果。因此，父母在教育孩子时不妨尝试一下这种暗示的教育方法。

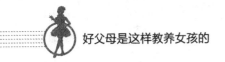

正确的性别教育

教育专家指出，对孩子进行正确的性别角色教育是非常有必要的，这不但关系到孩子日后正常的社会交往，还会影响其心理发展。性别教育的最终目的就是帮助孩子形成健全的人格。

教育专家指出，从小培养孩子性别的意识对他们今后的人生有很重要的作用。性别角色是以性别为标准划分的一种社会角色，它决定着一个人的行为模式。例如，男性的行为要体现出阳刚之气，女性的行为则要表现出阴柔之美。虽然男女性别是由先天因素决定的，但性别角色却是孩子在后天的成长环境中逐渐定型的。

性别教育是对孩子进行性教育的基础，从小对孩子进行性别教育，有利于孩子形成健康的人格，为孩子进入青春期后正确处理两性关系打下牢固的基础。

父母一定要注意培养女孩的性别意识，让女孩拥有安静、乖巧、细心、含蓄、善解人意的气质。另外，父母还应教育自己的女儿，无论是言谈举止还是行为习惯，都不应该过分张扬，为人做事要有分寸。

女性的魅力在于自身存在的"美态"，包括衣着打扮、言行举止以及性格品质。女性的"美态"不应只存在于表面，还应包括内在的修养，这在与人的日常交往中就可以表现出来。在现实生活中，许多女孩容貌不是特别出众，但她们的身上却洋溢着非凡的气质美，总是能给人留下深刻的印象。

很多父母从外表上拼命打扮自己的女儿，却忽略了最重要的内在气质的培养。诚然，美丽的容貌，时髦的服饰，都能给人以美感。但是这种外在的"美态"总是肤浅而短暂的，父母想要让自己的女儿成长为真正优秀高雅的"公主"，就必须从小培养她的气质，使其成为内外兼修品学皆优的女孩。

知识的多寡、品德的好坏、鉴赏力的高低，决定着一个人的修养，也决定着一个人的气质。对于一个女孩来说，气质不仅

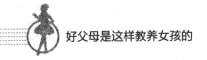

仅可以从她的服饰打扮上体现出来，也可以从言谈举止上反映出来。所以，父母应该从内在美、外在美两个方面对女孩进行性别教育，从小培养女孩的优雅气质，让女孩讲礼貌讲礼仪，爱学习，有独立意识，变得更优秀、更受人欢迎。

🎀 培养女孩成为快乐的"公主"

让自己的女儿成为快乐的"公主",是很多有女孩的父母共同的心愿。活泼开朗的孩子做事积极主动,思维比较活跃,勇于探索,能够主动地获取新知识和新信息。性格开朗的孩子适应性强,对周围的事物能够保持一种乐观的态度,对人热情,也乐于与人交往。活泼开朗的性格能使孩子经常保持愉快的心情,拥有健康的心理,有利于孩子想象力与创造力的发展。活泼开朗的孩子更容易得到同伴和社会的认可,能够勇敢地面对挫折和烦恼,心理承受能力较强。

乐观的人总是能看到事情比较有利的一面,能够更勇敢地面对困难和挫折。教育心理学家马丁·塞利格曼认为:"拥有乐观

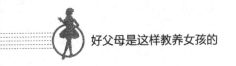

性格的人对生活中的许多困难能够产生心理免疫力。"所以，乐观的孩子不易失落，总是保持积极向上的情绪，身边会围绕着很多朋友，身体也更健康。

心理学专家指出：乐观开朗是获取成功的一大要诀。因此，每个父母都应重视培养孩子的乐观性格。那么，父母应该如何让自己的女儿成为活泼快乐的"公主"呢？

1. 与女儿保持密切的感情

想要女儿开朗乐观，父母首先要让女儿感受到自己的关心和爱护。女孩通常对父母的依赖性会比较强，亲密的亲子关系能让她们从心理上拥有安全感，内心感到愉快。

2. 帮助女儿树立积极心态

孩子在成长的过程中，经常会遇到各种各样的难题。当孩子因遭受困难或挫折而情绪低落时，父母应该帮助孩子从失落的状态中迅速走出来，教会她积极地思考问题，不要长时间地陷入到悲观的情绪中去，要勇敢地面对问题并解决问题。

3. 培养女儿广泛的兴趣

拥有众多兴趣爱好的孩子往往比对什么都不感兴趣的孩子要更快乐，拥有多种爱好可使孩子的生活变得更为丰富多彩。不过，培养孩子的兴趣一定要以孩子自愿为前提，否则就不是给孩子找乐趣，而是找烦恼了。父母平时应多观察孩子，注意孩子有什么样的爱好，以便为孩子提供多种选择，并给予必要的引导。

4. 让女儿参与家务劳动

父母平时可让孩子多动手，适当地做一些家务。女孩心细，有耐心，所以，父母要有意识培养孩子的"动手"能力。比如帮父母洗洗菜、洗洗碗，让孩子做些力所能及的事，这会让她拥有存在感和成就感，而来自父母的鼓励、表扬更会让孩子心情愉快。

5. 利用游戏来培养女儿的乐观性格

做游戏是培养孩子乐观性格的好时机。父母应该让孩子多和热情大方的小伙伴接触，在愉快的游戏中建立友谊，养成乐观开朗的性格。孩子在玩耍时可能会弄脏衣物，这时父母可以温和地提示，不能在孩子玩兴正浓时大声训斥、责骂她，也不要强行责令她停止游戏，甚至禁止与小伙伴间的往来，这样会使孩子产生不满、压抑的情绪，进而影响其性格发展。

对于适应性较差的孩子，可先让孩子接触比较安全的陌生环境和态度友善的陌生人，以后再逐步接触较复杂的环境和有各种态度的人。经过一个阶段的训练后，可让孩子单独接触新的环

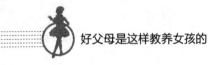

境，让她学会与不同的人融洽相处，培养其独立生活的能力，同时不断鼓励孩子坚持下去，这样，孩子就会逐渐形成开朗乐观的性格。

6．及时帮助女儿摆脱不良情绪

父母要认真对待孩子的倾诉，引导孩子摆脱困境。当孩子内心感到不安，希望向父母诉说时，父母不要采取置之不理或敷衍的态度，应该立刻放下手头上的事，坐下来认真地听她诉说。假如孩子表示对某一些事情感到不安或不高兴，父母可以告诉她，这是一种正常的感受，任何人在生活中都可能会经历这样的事情，让她知道，遇到这些事父母的反应和她一样。父母还可用讲故事的办法告诉孩子，没有人能万事称心如意，但乐观的人能很快地从失意中走出来，要把一时的不如意丢在脑后，继续积极地面对生活。

有些孩子有时会因为一点儿小事不高兴，或哭闹或闷在心里什么都不说，整天情绪低落。这时，父母要及时发现问题并注意引导孩子，在孩子心情不好的时候要么带她出去活动活动，要么看场电影，转移一下她的注意力，调整她的情绪。同时，父母还要引导孩子将心中的不悦或委屈倾诉出来，并鼓励她克服困难。

7. 给女儿一些自由的时间

现在很多父母为了让自己的孩子更优秀，总是给他们安排很多课外的学习。父母望女成凤的心情可以理解，但是一定要克制自己，不要用各种各样的学习把孩子的时间填得太满。因为，在繁重的学习任务下，孩子很少有自己的时间和空间，在这样的环境下，孩子怎能感到快乐呢？父母应该多给孩子一些自由的时间，让她做自己感兴趣的事情。

8. 教会女儿乐于助人

要想让孩子获得快乐，一个重要途径就是让孩子在家庭中、在周围的环境中感觉到自己是有价值的，自己的行为对别人来说是有意义的。要给女儿这种感觉，父母就需要为孩子多制造一些帮助别人的机会。比如，和女儿一起整理那些她已经不再需要的玩具，送给其他有需要的孩子；鼓励孩子把自己的故事书借给小伙伴。

心理学认为，即便是非常小的孩子也能够感受到帮助他人的乐趣。在国外有很多专门为孩子设立的福利机构，这些机构中最受欢迎的活动就是教孩子用家里的废旧布条填充玩具动物，即使只有两三岁的小孩也会兴高采烈地给小动物粘上眼睛和嘴，然后

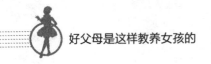

送给福利院的小朋友。这表明助人之心是人与生俱来的，父母对此要善于引导自己的孩子，帮助孩子成为更快乐、更善良、更有同情心的人。

9. 要做乐观的父母

父母在教育孩子的过程中，首先要以身作则。父母在工作、生活中也会遇到各种困难，而在困境中的表现会被孩子当作榜样和模仿的对象。如果父母在面对困境、挫折时保持自信、乐观、奋发向上的精神状态，孩子也会受父母的影响，在遇到困难时乐观地去面对。反之，如果父母遭受一点打击就一蹶不振，孩子也会受其影响，很难养成乐观、开朗的性格。

平时，父母应该培养女儿乐观的生活态度，让她明白，令人快乐的事情一直存在，即使生活中有不愉快的事情发生，那也只是暂时的，只要乐观地对待生活，生活就是美好的。例如，父母周末要到单位加班，就要对孩子说："今天妈妈要去公司加班，因为这个工作非常需要妈妈。"而不要对孩子说："真讨厌，妈妈今天又要去加班。"父母在生活中应多让孩子看到事情美好的一面，从生活中的每一件小事上培养孩子的乐观性格。

10. 保持家庭生活的美满和谐

家庭生活美满、和谐，也是培养孩子乐观性格的一个重要因素。有资料表明，在美满、和睦家庭中成长的孩子，比在吵闹、不幸家庭里成长的孩子更乐观开朗。

所以，父母要为孩子营造一份和谐、宽松的家庭气氛，不要盲目地按照自己的意愿去安排孩子的生活，要尊重孩子的意见和选择，使孩子在融洽的家庭环境中能够保持心情愉快，乐于和父母交流自己的想法。

父母要把孩子看作是平等的人，尊重孩子，认真对待孩子的观点和看法，切勿用简单敷衍的方式对待孩子。如果时间允许，父母每天可抽出15～20分钟的时间和孩子聊聊天，内容可以是孩子喜欢的事，比如图书、游戏、活动等。另外，父母也应注意自己的情绪、性格以及为人处事的态度对孩子潜移默化的影响，要做到乐观豁达、诚实真挚，不要把自己的坏情绪传递给孩子。

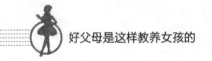

🎀 建立稳定的好情绪

心理学家发现，拥有愉快和谐气氛的家庭，在很大程度上能使孩子成为具有乐观性格的人。家庭的教育氛围，应保持在愉悦、平和这一"最佳情绪线"上，因为当亲子双方都处在最佳情绪状态时，父母能更有效地对孩子进行"教育"，孩子也更乐于接受。心理专家指出，家庭生活的气氛，父母的情绪，本身就是一种无形的教育。

父母和孩子的情绪是非常容易互相影响和感染的。孩子的情绪不像成人那样稳定，尤其是年龄小时，外界的一点儿干扰往往就会影响孩子的情绪起伏，所以俗话说："六月的天，孩子的脸，说变就变。"父母应该尽量让孩子少受自己不良情绪的影响，要以最佳情绪去感染孩子，让孩子在每天的大部分时间里都处于愉快、平静的情绪中。

当父母发现孩子情绪低落、提不起精神的时候，更要表现出高兴、快乐的情绪，多和孩子谈有趣的事，进行有趣的游戏，以转移孩子的注意力；当孩子的情绪好转后，父母应渐渐将兴奋的情绪平静下来，显露出愉快和平和的态度；当孩子兴高采烈、手舞足蹈的时候，父母应保持冷静和认真的状态；当孩子玩得忘乎所以、吵闹放肆的时候，父母要及时进行劝导，不要让孩子一直停留在激昂的情绪状态下。

心理学家指出，每个孩子在成长过程中，都需要依次建立"首要快乐感"和"次要快乐感"。

（1）"首要快乐感"，指的是孩子十分明确和坚信父母是爱自己的，并且会永远无条件地爱自己。

这种幸福感的建立是在孩子三岁左右的时候。"首要幸福感"一旦确立，终生不会动摇。

（2）"次要幸福感"，指的是孩子在日常生活中所获取的快乐，比如游戏等。

"首要快乐感"牢固的孩子，内心的乐观情绪不容易受到生

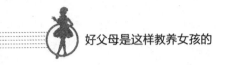

活中负面事物的影响。这样的孩子在遇到挫败时，一般也不容易丧失自信心，不会一蹶不振。而"首要幸福感"不牢固的孩子，"次要幸福感"也很难健全，这样的孩子过度依赖于外在的"成就"，比如是否能马上得到自己想要的玩具和食品、"老师是否喜欢我"等。

父母每天都要把"快乐"这份"礼物"送给孩子，随时随地让孩子感受到父母的爱，让孩子在快乐的家庭氛围中做个乐观向上的人。以下列举的一些建议，或许可以帮助父母找到合适的方法，引导家有女儿的父母将女儿培养成为快乐的人。

1. 在家庭活动中营造轻松快乐的氛围

春节时包饺子、放鞭炮，过生日时吃蛋糕、吹蜡烛，这些家庭活动十分重要，因为它们赋予孩子生活的意义和仪式感，能够加强家庭成员之间的情感联系，让孩子懂得"家"的含义。除了节假日或家庭成员的生日，父母可为孩子再设立一些有规律的家庭小活动，例如，每个周末全家外出用餐，每个月全家一起看一场电影等，这些规律性的家庭活动能给孩子带来幸福感及乐趣。

2. 让女儿积极参加社会活动，乐于助人

父母要积极参加女儿学校的运动会，或者参与女儿的文艺表

演，这样女儿会意识到父母对她的重视，增强自信心。同时，父母与孩子一同参与社会活动，也是在教给女儿"社会"的基本含义，让女儿亲身体会到自己的社会价值。

孩子需要在家庭和社会中得到认同，父母应尽量给女儿提供接触社会、关心和帮助他人的机会。比如，让女儿参加社区大扫除，探视社区孤寡老人，帮助照看比自己年纪小的小朋友，帮父母做力所能及的家务，等等。

3. 多带女儿亲近大自然

对孩子来说，大自然充满了神奇的力量，无论是雨雪、白云，还是花开、叶落，孩子都能从中发掘到快乐。让孩子亲近自然，还可以增强孩子的观察能力、感受能力和反应能力，培养孩子乐观开朗的性格。父母多陪孩子参加户外活动，像滑雪、骑车、郊游等，可以让孩子更健康、更茁壮地成长，让孩子拥有更多的乐趣。

4. 创造条件让女儿饲养小动物

很多父母经常犹豫是否该让孩子饲养小动物，尤其是有女儿的父母，因为饲养宠物需要耗费时间和精力，即使孩子保证自己会全力照料小动物，但通常大部分工作还是要由父母来完成。不

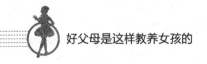

过，心理专家研究发现，让孩子花工夫饲养小动物是有意义的，因为当孩子感到担忧或害怕时，小动物的陪伴会让孩子更感到安心；而通过饲养小动物，孩子也容易学会体贴和照顾他人，更有责任心，感觉自己有价值，从而获得成就感。

5. 给女儿展示自己的机会

每一个孩子都有独特的天赋和才能，展示这些才能和天赋能给他们带来极大的喜悦。"妈妈，我给你讲一个故事好不好？"当女儿提出这种要求时，即使此时你正在厨房忙于做饭，也最好满足她这个愿望，并适时地给予肯定："你讲得真是太棒了！"要知道，能和父母分享自己喜欢做的事并得到父母的肯定，对孩子来说是一件很快乐的事。孩子的热情正是通过他人的分享和肯定，转化成自尊、自信的心理的，而这些品质对于孩子的一生都是最宝贵的财富。

6. 给女儿自由的空间

父母希望居室整洁，周围的邻居喜欢安静。那么，当家中的"小公主"开始喊叫、玩闹时，父母通常会想办法制止，女儿只好越来越"乖"了。表面上，女儿被管教得安静乖巧，实际上她的热情和活力在一点点地丧失，她的心灵也会受到压抑。孩子毕竟是孩子，需要带着童真的想象力尽情地玩耍，需要有时间去抓萤火虫、打雪仗、看蜘蛛织网和蚂蚁搬家……这些都是按照孩子自己的意愿去探索世界的活动，都能给她带来真正的快乐。因此，父母应该顺应孩子的天性，尽可能为她创造自由的空间。

7. 教女儿享受她拥有的东西

父母不可能无条件地满足女儿的一切需求，但父母可以教给女儿知足和感恩的心态，让她充分享受自己所拥有的一切。例如，父母要告诉女儿她所拥有的玩具是什么，怎么玩，并且和她一起玩，让孩子享受玩的过程，而不是与其他的小朋友攀比，或者提出不切实际的要求。

8. 多让女儿放松精神

父母在空闲时，不妨经常给女儿讲笑话、唱儿歌，告诉孩子自己遇到的有趣的事，父母要注意多给孩子创造愉悦的氛围，让孩子在轻松的环境中快乐成长，建立和谐亲密的亲子关系。

9. 有技巧地表扬女儿

父母在赞扬女儿的时候，不要只对她说："你做得真棒！"而应该尽量说 "你讲的故事真精彩，好像就在我面前发生的一样"或者"我喜欢你画的这幅画，能不能当作礼物送给我？"父

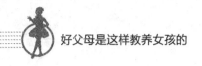

母对女儿的赞扬要真诚，要言之有物，让女儿真正感受到父母的诚意，感受到自己的价值。

10. 多给女儿微笑、拥抱

父母要对孩子多微笑和多拥抱，这等于对孩子说："我爱你！"所以，父母在女儿身边的时候，一定要经常对她微笑、拥抱她，让她感受到爱的温暖，从而建立起安全感和幸福感。

11. 聆听女儿的心声

对于父母来说，没有什么比专心听孩子讲话更重要了，这表示父母很关注孩子。如果女儿和你讲话的时候，你正在做家务，或者忙工作，请你停下来，把注意力转移到她的身上。另外，在女儿向你倾诉的时候，不要打断她，让她把话说完，即使很多话你以前已经听过了，也要耐心地听她说完，让她充分表达自己的想法和情绪，然后帮助她分析问题、解决问题。

12. 以鼓励代替批评

父母都希望自己的孩子是最优秀的，但当他们犯错误或某件事做得不太理想时，父母一定要有耐心，不要急于斥责，那样会不经意间打击孩子的自信心。比如，孩子精心擦过的地板，父母认为不太干净，于是自己再重新擦，或者对孩子加以指责，这样做就是在告诉孩子她做得不够好，可能会伤害孩子的自尊心和积极性。因此，父母尽量不要在孩子面前这样做，要多鼓励、多赞扬，在鼓励和赞扬中帮助孩子进步。

13. 教女儿学会解决问题的方法

从学会系鞋带到自己能安全地过马路，女儿每掌握一种技能，就向独立迈进了一步，就能得到成就感和从未有过的快乐。所以，当孩子遇到困难，被同伴笑话，或者有问题让她迷惑不解的时候，父母可以这样做：帮助她分析问题是什么；让她讲一讲她希望得到的结果，帮助她思考什么样的步骤能实现这样的结果；如果她需要帮助，要让她相信自己随时可以得到父母的帮助。当孩子在父母的帮助下得到自己解决问题的能力的时候，她一定会无比快乐，这比父母代替她解决问题要好得多。

14. 让女儿学会缓解压力

父母应该让女儿学会怎样缓解压力，怎样让自己活得更快乐。缓解压力可以有多种方法，比如，父母可以培养孩子多方面的兴趣爱好；在她学习压力大或遇到其他烦心事时，可以让她做自己喜欢的事以转移注意力；还可以让她看看故事书，看看电视，让情绪恢复平静。

第二章

重视对女孩的
能力培养

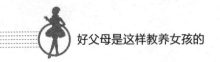

独立解决问题从小开始

很多父母认为，孩子遇到的问题越少越好。这种想法是错误的，无论是大人还是孩子，在每天的生活中几乎都会遇到或大或小、这样或那样的问题，"孩子遇到问题少就好"这个命题本身就是不成立的。心理学研究表明，孩子解决问题的能力比成人想象中要强很多。因此，培养孩子独立解决问题的能力，对孩子一生的发展都会产生重要的影响。

一些父母认为，孩子还小，没到"独立"的时候，因而暂时不需要培养其独立性。其实，孩子的独立性是应该从小就开始培养的。父母不要因为自己的孩子是女孩，就格外宠爱，放松或延迟对女儿独立性的培养。女孩以后也要独立在社会上"行走"，她会遇到各种各样的困难和阻碍，如果到那时她还是"有脚不会走、有脑不会想"，遇到问题茫然不知所措，那就是家庭教育的失败。所以说，从小培养孩子独立解决问题的能力是至关重要的。

现在很多小女孩都不会主动地、独立地去解决一些问题。举个例子：一个小女孩上学迟到了，来到教室发现小朋友们正坐在活动室里听老师讲故事，她走到自己的位置上，却发现自己的位置上没有小椅子，于是，她站在那儿等着，不知所措……

为什么会出现这种情况呢？这与家庭教育有着十分密切的关系。现在的家庭中，往往只有一个孩子。几个大人围着一个孩子转，自然对孩子格外疼爱。尤其是小女孩，父母更是当成"公主"一样对待。孩子习惯了"衣来伸手、饭来张口"的生活，却没有学会一些基本的生活技能。还有，虽然孩子已经具备了学习独立做事的能力，但父母却一味地代替她解决问题，剥夺了孩子独立思考和实践的机会，使其无法获得独立解决问题的能力。

父母不可能时时刻刻都在孩子身边，如果父母经常帮孩子解决问题，那么以后每当孩子独自面对问题时就不会处理，就会一筹莫展。这样的孩子一旦进入社会，就会像"笼中之鸟"，既不

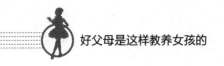

会"飞",又不会"捉食",难以生存。

那么,父母要如何做,才能培养孩子独立解决问题的能力呢?

1. 通过言传身教培养女儿解决问题的能力

父母是培养女儿解决问题能力的第一位老师。当孩子看着父母平静地讨论问题,分析、权衡不同的解决问题的方法时,她自然而然地会去学习和模仿。反之,如果父母面对问题时经常焦头烂额、手足无措,或以消极的态度应对,那么孩子也会效仿父母的态度。

不少父母在工作中很善于解决问题,但在家里却不注意解决问题的技巧。心理学家认为,父母作为家庭教育的承担者,就应该为孩子树立一个较为完美的"问题解决者"的形象,因为父母是孩子学习和效仿的对象。

2. 给女儿独立解决问题的机会

当孩子的身心发展到一定的水平时,便具备了自己解决问题的能力,如果父母事事操心,就很容易剥夺孩子的锻炼机会,无意中扼杀孩子独立解决问题的能力。所以,父母在日常生活中对孩子要大胆地放开"手脚",在适当的时机做个"旁观者"。凡是孩子自己力所能及的事，就放手让孩子自己去做。刚开始的时候，孩子可能会将事情做得"一团糟"，但是让她多尝试几次，孩子就能渐渐地应付自如了。父母只有让孩子自己多动手，才能帮她不断积累生活中的经验，从而提升独立解决问题的能力，当孩子再次遇到难题时，就会自己想办法解决了。

3. 培养女儿的独立意识和能力

在国外的许多家庭中，父母通常会让孩子在假期里出去打工，体验生活的艰辛；到了一定的年龄，父母就让孩子出去独自生活。在这样的家庭教育中，孩子便会不断积累生活技能，逐渐建立独立的意识和能力。可是中国的父母往往缺乏这方面的意识，对家里的"小公主"从来都是呵护有加，唯恐她出门在外"吃苦头"。但是，父母不可能永远保护孩子，孩子总有一天要独自面对生活，如果她不具备独立的意识和能力，就无法应付生活中的大小问题。其实，要想让孩子具备独立解决问题的能力，父母必须"狠下心"，放手让孩子自己分析、解决遇到的问题，告诉她遇到事情要冷静，要积极地解决问题，不能消极应对，更不能逃避。比如，当女儿和小朋友出现矛盾时，父母可以给她一些建议，让她自己去处理。父母在处理有关孩子的事情时，尽量

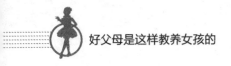

征求孩子自己的意见。一些父母或许会觉得，孩子太小，事情处理不好，但是成长就是一个不断解决难题的过程，这个过程是孩子必须亲身面对、父母不能代替的过程，如果父母总也不放手让孩子尝试，孩子便总也成熟不起来。父母要引导孩子独立思考、勇于实践，帮助孩子不断地成长。

4．留一个难题让女儿自己解决

一天，妈妈正在厨房里忙着做饭，苗苗自己在房间里写作业。一会儿苗苗跑来对妈妈说："妈妈，我的房间里有一只很大的苍蝇，'嗡嗡嗡'地叫，吵得我都做不好作业。"

妈妈听完女儿的话，明白女儿是想让自己帮她把苍蝇赶走。妈妈想了想，对苗苗说："宝贝，现在妈妈真的没时间，要不你先到别的房间去做作业吧！"

又过了一会儿，苗苗跑来，高兴地对妈妈说："妈妈，我把苍蝇解决掉了！"

"你把它打死了？"妈妈问。

苗苗说："不是！我把苍蝇赶跑了！"

"是吗，你是怎么做的？"妈妈问。

苗苗得意地说："你以前不是告诉过我，说小虫子很喜欢光亮吗？我就把我房间的灯关了，然后把窗户打开，苍蝇真的就飞出去了呢！"

看，这个女孩多么聪明，她依靠自己的知识和思考解决了问题。孩子在成长过程中，总会遇到需要自己克服的难题。作为家长没有必要事事都帮他们"摆平"，有时故意留一个难题让孩子自己解决，让孩子开动脑筋，想出解决办法，这对于孩子而言也是一种成长。

父母都希望自己的孩子越来越成熟，将来成为能干的人，那么，父母就应该在实际生活中有意识地锻炼孩子的独立意识和生活技能，给孩子提供自己解决问题的机会。

5. 经常举行家庭会议

孩子总是有意无意地模仿父母的行为。所以，为了培养孩子自己解决问题的能力，父母可以经常举行家庭会议，在孩子面前解决问题，为孩子做出示范。家庭会议可以是定期的也可以是不定期的，要在所有家庭成员都方便的时候举行。每个家庭都是一个小集团，也会有一些问题需要解决，父母就是要让孩子看到自己解决生活中各种问题的方法。

每一次家庭会议，时间可长可短，一般以半小时到一小时

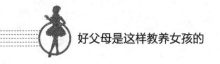

为宜。讨论的内容可以是家庭成员遇到的问题，也可以选择观看大家都想看的电影或电视节目,还可以讨论某种社会现象，以及解答孩子遇到的某些困惑等。召开家庭会议要掌握几个要点：事前有所准备（确定内容、议题）；确定开始时间和结束时间；家庭成员间都持平等的态度；有人说话时其他人不要随便打断；不要随意批评别人的观点；让每一个人都有机会参与并充分发表见解，但不要强迫；对于不正确的观点，反驳理由一定要充分，以理服人。

父母必须牢记：孩子能够通过自己的经历学会解决问题，所以，要多为他们创造机会，让他们自己解决问题，而不是采取包办代替的方法。父母可以通过家庭会议，告诉孩子集体力量的重要性，以及家庭解决问题的方法。

6. 用欣赏的眼光看待女儿解决问题的方式及能力

孩子眼中的世界与成人是不同的，孩子解决问题的方式或许不符合父母的预期，但是父母仍要用一种欣赏的眼光去看待。父母给予孩子的每一个赞赏的眼神、每一句鼓励的话，都能给孩子带来无穷的力量。孩子会在父母的赞赏中和鼓励下会更积极地去解决自己遇到的问题。

孩子都是父母眼中的"无价之宝",从呱呱坠地的那一刻起,孩子便给父母带来了无限的希望。但是成长的历程是漫长的,而且充满着很多未知的因素。父母不能永远陪伴在孩子左右,当孩子遭遇挫折、遇到难题时,还是需要她自己去应对。所以,父母从小就应该培养孩子解决问题的能力,培养孩子勇于挑战困难的勇气。只有孩子真正具备了独立生活的能力,父母才能长久地心安。

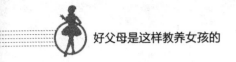

🎀 学会解决简单问题的小技巧

人在解决任何问题之前，都需要做好充分的准备；而有时为了成功地解决问题，还需要采取一定的策略。作为父母，首先要培养孩子独立解决问题的意识，教会孩子能冷静地面对问题，然后再教会孩子分析问题解决问题的方法和技巧。

父母应当教会孩子的分析问题解决问题的技巧，具体来说有以下几个方面：

1. 保持冷静的头脑

平日里保持冷静很容易做到，但在突发状况下保持镇静自若就困难得多了。但人在困难面前如果不能很好地控制自己的情绪，保持头脑冷静，那么所有分析问题解决问题的技巧都无法派上用场，因此保持冷静是分析问题解决问题的前提。

父母首先要教会女儿的就是遇到问题要冷静，在困难面前不能乱了阵脚，手足无措。因为人在遇到问题、困难时，慌乱是解决不了问题的，抱怨也没用，只有让自己的情绪平静下来，才能有效地思考并找到解决问题、克服困难的方法。

2. 树立自信心

一位心理学家曾说过："其实人所遇到的问题并不像人想象中那么可怕。你要对自己有信心，相信自己一定能战胜它。"当女儿遇到一些自己无法解决的问题时，如果没有父母的帮助和鼓励，她可能屡屡尝试、屡屡受挫，因而产生畏惧情绪，甚至丧失自信心。这时父母一定要及时地给予孩子鼓励，让孩子从失败的经历中找到自己行为的可取之处；并且让孩子知道，没有人是万能的，遇到自己解决不了的问题很正常，但是在解决问题的过程中，要有自信心，要积极地开动脑筋，尝试不同的方法，这本身也是一种进步。孩子的自信心有时是非常脆弱的，所以父母要及时给孩子鼓励、夸奖，让孩子不因为失败而丧失信心。

3. 不被问题吓倒，学会分析问题

很多看起来解决不了的难题，其实仔细分析一下，就能发现

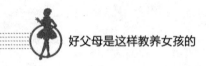

它是由很多不难解决的小问题构成的。父母在教会孩子遇到困难保持冷静的前提下，还要教孩子学会分析问题，化难为易，化繁为简。孩子的思维不像成人那样缜密，面对问题或许不能马上分析得很透彻，这时父母要引导孩子，一步一步地帮孩子找到解决问题的关键点和突破口，然后再让孩子自己想办法解决那些容易应对的小问题。

4. 利用以往的经验去解决难题

有些难题看似令人无从下手，其实可能只是以前遇到的问题换了一种形式而已。父母要和孩子多探讨解决过的问题，这样，当孩子在难题面前想不出新方法时，父母就可以引导孩子回忆以往解决问题的经验，教会孩子从以往的经验中寻找答案。

以上这些技巧可以让孩子在突然遇到困难时不至于手足无措。为了更有效地解决问题，父母还可以教给孩子一些解决问题时采取的具体步骤：

（1）明确问题所在。

父母要帮助孩子明确问题所在，这是解决问题的前提和基础。有时孩子面对的问题看起来比较复杂，这时父母要帮助孩子理清思路，找到问题的实质和核心，只有做到这一点，才有可能真正解决问题。

（2）收集与问题所有相关的信息。

父母可帮助孩子收集一些与问题相关的信息，然后再逐条分析这些信息，明确问题的性质，并以此为基础引导孩子寻找解决方法。比如，问题是出在计划的制订上还是在执行的过程中？该从哪一处入手解决比较方便？

（3）列出所有可能的解决方案。

当解决问题的关键渐渐明晰之后，父母可以让孩子列举一些自己想到的解决方案，然后再评判哪一种方案能真正地解决问题。孩子列出的解决办法越多，就越自信，从而会更快地解决问题。

（4）对将要采用的解决方案进行检验。

让孩子把已经想到的解决方案按优先顺序排列出来，但还是难以断定哪一种方案最可行时，父母要帮助孩子做出决定。比如，父母可指导孩子缩小选择的范围，挑选出一两种可行的解决方案，然后再教会孩子如何检验方案的可行性。孩子学会了检验解决方案的方法之后，以后再遇到这种问题时，就能自己快速地决定采用哪一种方法了。

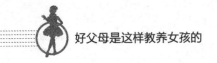

（5）确定最佳解决方案。

最佳解决方案一旦选定，就要投入大量精力去解决问题。所以，父母一定要帮助孩子选出最可行的解决方案。如果孩子对已选用的解决方案尚有疑虑，父母要帮她坚定信心，督促她全力投入到解决问题的过程中去。

（6）有计划地实施方案。

不少父母认为，孩子做事是不可能有计划性和自觉性的。其实，只要父母对孩子加以有意识地培养和引导，孩子能很快地学会自觉地按计划做事的习惯，比如，做游戏和学习；而孩子一旦养成了有计划和自觉做事的习惯，不仅可以在很多事情上让父母少费心，而且还能将这个习惯运用到今后的生活中，这会使孩子获益良多。

所以说，尽早培养孩子的计划性和自觉性好处很多，不过，父母在此过程中不能操之过急，需要一个循序渐进的过程。

第一步，父母要把自己制订的计划详细地告诉孩子，要用与孩子商量或征求意见的口气。例如，星期天吃早饭时，跟孩子说："今天我想这样安排，你看好不好？吃完饭我们去动物园玩；中午从动物园出来去姥姥家；下午2点从姥姥家出发去博物馆看画展；回家后，你给我画一张画，怎么样？"孩子可能没有时间概念和计划安排的概念，但由于父母有条理地跟她商量，孩子就能慢慢体会到时间安排对于处理某些问题的含义了。

第二步，父母只说出具体的事情，让孩子自己决定实施的先后次序。比如："今天我们去公园玩三个项目：划船、坐碰碰车和跳跳床。你来安排玩的顺序，好不好？"如果孩子的安排基本合理，就照她的安排去做；如果不合理，父母就要帮她进行适当地调整，并跟她讲清楚为什么要这样安排，帮助她提高安排事情和制订计划的能力。

第三步，父母提出大概要做的事，让孩子自己决定所做的具体事项。比如说："今天上午我们可以到公园玩两个小时，你看玩什么，怎么玩？"孩子想玩的项目或许很多，这时父母要告诉孩子，玩一个项目需要用多长时间，倘若计算一下两个小时只能玩三个项目，那么就让她从之前提出的计划中再选出三项来。如此一来，父母就能帮助孩子建立起计划意识和时间观念。

如果孩子在父母的引导下能明白做计划的意义，并掌握做计划的方法，就能比较顺利地解决问题了。

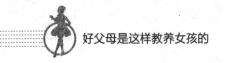

培养不任性、有耐心的性格

常听到一些父母抱怨自己的孩子："我这个孩子并不比别的孩子笨，就是没耐心，做事总是虎头蛇尾，半途而废。"针对这种情况，父母应该知道，做事没有耐心是意志力方面的问题。意志力对孩子以后的学习、工作都有重要的影响。

在生活中我们不难发现，耐性好、意志力强的孩子获得成功的机会要比那些耐性差、意志力弱的孩子获得成功的机会多。那么，父母怎样让家中任性的"小公主"变得有耐心有意志力呢？以下有几点建议可供参考。

1. 要为女儿做好榜样

首先，父母要切记自己是女儿的榜样，女儿是一个默默的"观察者"，父母的一切言行都在她的观察范围里，今天父母做事的习惯或许就是明天她做事的标准。如果父母做事没有规律，那么孩子也很难学会做事井井有条。另外，有时候孩子做事没有耐心，是因为父母对孩子的要求变来变去，让孩子无所适从。所以，父母在给孩子派"任务"的时候，一定要等她完整地做完一件事，再给她分配新"任务"，这样就能让她养成有耐心、有意志力、做事有始有终的好习惯了。

2. 运用一些有效的小技巧教育孩子

（1）激将法

有时，父母让孩子做一些她力所能及的家务活时，孩子做了一会儿就不想做了。此时，父母可以故意"激激"她，比如，对孩子说："我不相信你能把地扫干净""我不信你能把碗洗干净"……孩子听到这样的话后肯定会不服气，然后鼓起劲去做未完成的事。这种方法有时比直接劝说、强迫孩子的效果更好，不过在孩子完成全部的事情后，父母要及时鼓励她、夸奖她，让她明白自己是有能力做好事情的。

（2）引导鼓励

有时，孩子在遇到难题时会退缩。如果父母在她旁边给予鼓励，督促她多思考一会儿，并对她给予一定的启发，那么当她解

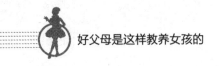

决好难题的时候，会感到非常高兴和愉悦，久而久之，也会养成主动思考的习惯。

（3）故事熏陶

小女孩通常都喜欢听故事。因此，父母可以经常有意识地给她讲一些古今中外的关于耐心以及意志力培养的小故事，用故事来启发她教导她。

（4）展开竞争

有时父母想让孩子把一件事情干好，最好的方法就是让她和自己进行比赛。这样做不仅可以提高孩子做事的积极性，还能让孩子最大限度地体会到胜利的喜悦。在孩子取得进步时，父母一定要及时给予表扬和鼓励。

3. 耐心地和孩子讲道理

父母可以通过和女儿日常的交流帮助她认识问题，培养她做事耐心。孩子最初可能不会完整地表达自己的思想，但是她能基本明白父母表达的意思。比如，当女儿因为搭不好积木而发脾气时，父母可以耐心地跟她讲道理，告诉她你理解她为什么不高兴，但是发脾气也不能将积木搭好，再告诉她多动脑筋想一想，不能过于着急。父母不要认为和孩子交流没有意义，即便她有时看起来不听话，但其实她能听懂，至少她知道自己的哪种行为是不对的。父母这样做的效果，比为孩子的坏脾气生闷气或者责怪她要好得多。

4. 帮助孩子改变暴躁的性格

有些小女孩外表看起来很文静，但是脾气非常大，如果有什么事情不顺她的心，无论在家里还是在外面，她都可以闹个天翻地覆，让父母无所适从。造成这种状况的原因有很多，父母要根据不同的情况，采取不同的解决方法：

（1）父母对孩子百依百顺，使她养成了"别人就应该依从我"的心理，一旦别人违背了她的意愿，她便无法控制自己的不满情绪；

（2）父母平时不在孩子身边，相聚的时间很短，于是父母希望对孩子有所补偿，即使孩子有一些过分要求也盲目地满足，长此以往，当孩子的欲望没能得到满足时，就会大发脾气；

（3）孩子平时在家里被过分宠爱，成长过程中很少受到挫折，心理承受力较差，当她遇到批评或自己的意见被反驳时，便无法忍受；

（4）父母在面对孩子发脾气时屡屡妥协，时常满足她的无理要

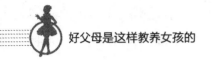

求，长此以往，孩子便把发脾气当成了满足自己要求的"利器"；

（5）由于父母脾气暴躁，经常对孩子莫名其妙地责骂，孩子在这样的环境中便渐渐形成了暴躁的性格。

面对脾气暴躁的孩子，父母可以采用"冷处理"的方式。当她发脾气时，先不理她，暂时搁置一边，因为这时孩子是什么也听不进去的。等她略微平静下来，父母可以慢慢问她："刚才为什么发那么大的脾气？能告诉我发生了什么事吗？"父母一定要多听听孩子的想法，找到孩子发脾气的原因，帮助孩子学会控制自己的情绪，教她学会用适当的方法解决问题。

此外，父母要想改变女儿的坏脾气，还应注意以下问题：

（1）多鼓励孩子用语言表达自己的感受和需求，尽量满足孩子的正当要求，不能满足时也要耐心解释，帮助孩子合理控制自己的需求和欲望；

（2）父母及家人对待孩子的态度要统一，当孩子无理取闹时，不能因孩子的哭闹而妥协，满足她的无理要求；

（3）父母应注意和孩子的情感交流，不能随自己的心情去对待孩子，时而严厉，时而娇惯，这样往往会使孩子因无所适从而乱发脾气。

❦ 训练忍耐力三法

心理学专家指出：忍耐不是孩子与生俱来的品质。父母必须在孩子成长的过程中慢慢地培养孩子的忍耐力，而这是一个漫长的过程。

父母要想让自己的女儿学会忍耐，首先要使她获得两种重要的能力：估量、理解时间的能力和领会因果的能力。除此之外，父母还要培养她承受挫折的能力和延迟满足的能力。专家经研究发现，对孩子忍耐力的培养随着孩子年龄的增长而有不同的方法。

1. 视觉上、听觉上的"等待"训练

婴儿的忍耐力很有限，这是其生存能力所决定的。一个婴

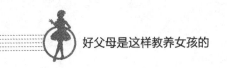

儿的全部需要（食物、保暖和安全），必须通过别人给予满足，"哭"是婴儿向外界寻求帮助的一种必要信号。但是，即使是对于新生儿，父母也必须让孩子学会等待"一会儿"。父母不要以为婴儿太小听不懂成人的语言，当婴儿听到人们的说话声时，就会开始考虑下面将出现什么。几个月大的婴儿听到人们对自己说话时，就会停止烦躁，因为孩子知道这是自己的需求即将得到满足的一种前兆。所以，多和婴儿说话能够能培养其延迟满足的能力。

父母要记住：对于一个婴儿来说，忍耐的极限可能只有两三分钟。父母如果不能及时地满足孩子的需要，孩子的哭声就会逐渐升级，并且会将已经学到的所有关于忍耐的要求忘得一干二净。如果父母的反应足够迅速而且具有一致性，那么婴儿就会相信自己的需要会得到满足，就会耐心地等待。这样父母就赢得了孩子的信任，父母可以鼓励孩子下次等待更长的时间，逐步提升孩子的忍耐力。

训练孩子的忍耐力是分阶段的，一般可采用如下方法：

（1）利用视觉上的辅助手段，帮助孩子理解时间的概念。

对于3岁的孩子，当她提出想出门玩耍时，父母可以拿出一个苹果说："等一下，等妈妈吃完苹果再出去。"然后让孩子也吃一小片苹果，同时与孩子亲切地交谈，跟她讨论一下出去能见到哪些小朋友或小动物等她感兴趣的话题，这样能让孩子感受到等待中的小乐趣，更容易培养孩子的忍耐力。

对于5~6岁的孩子来说，当她想去公共场所游玩时，父母可以告诉她："今天是星期一，这儿有六个苹果，我们每天吃一个，吃完了就到星期六了，到那时爸爸妈妈就带你出去玩好不好？"这是利用视觉辅助手段，帮助孩子理解时间的概念。

（2）利用听觉上的辅助手段，帮助女儿理解等待的意义。

对于1~2岁的孩子，当她闹着要父母抱的时候，父母不要马上伸手抱她，可以给她先念一首她熟悉的童谣，然后再伸手抱起她，让她感受到在短暂的等待中，父母的爱一直陪伴着她。

这是利用听觉上的辅助手段，帮助孩子理解时间概念，并教她学会适当等待，而不是随意发脾气。

2. 用游戏的方法训练忍耐力

有些孩子已经会用语言向父母简单地表达自己的要求了，但她还不太会控制自己的情绪，常常直接表达自己的急切需求，迫切希望得到自己需要的东西，有时可能显得不近情理，不体

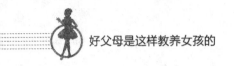

谅父母。

孩子需要父母的照顾、关爱和赞许等，但她理解不了为什么自己在有需求的时候，父母不能立刻满足她的要求。而父母在向孩子解释这件事时，也要有一定的技巧，具体而言，以下方法可供参考：

（1）让孩子学会"等一等"。

当女儿向父母提出要求时，父母可微笑着对她说"你先给我念一首《小蜗牛》的儿歌，你念完了我就过来了"或"妈妈在喝水，你给妈妈唱首歌，然后我们再出去玩儿"。

父母还可以用搭积木的游戏来教孩子计算时间，让她学会等待。

（2）和孩子玩角色互换的游戏。

父母可以尝试和孩子玩一玩角色互换的游戏。比如，由父母来扮演没有耐心的孩子，让孩子来扮演"爸爸"或"妈妈"。然后，在"爸爸"或"妈妈"做事时，父母夸张地模仿孩子平日不愿意等待时发脾气的样子，或模仿她的语调大叫："爸爸（或妈妈），你好了没有啊？我要吃蛋糕，我不要等！我现在就要吃！"通过角色互换，让孩子体会到自己无理取闹时父母的心情，培养孩子换位思考的意识，锻炼孩子的忍耐力。

父母还可以给孩子选择一些关于耐心的书，逐步让孩子明白：人有耐心是必须的事情，每个人都需要学会如何变得有耐心。

3. 让女儿在幼儿园中学会忍耐

在学前期的几年中，孩子智力和情绪逐渐成熟，对时间的理解力也有所提高，这有利于父母对孩子进行忍耐力的培养。这个年龄阶段的孩子通常会进入幼儿园学习，幼儿园有规律的户外活动和教师的指导，能使孩子更好地学会等待和忍耐。

孩子一旦进入一个群体中生活，无论她自己的需要多么急迫，都不得不遵守集体的规定而暂时克制自己（比如在幼儿园中，不到固定的时间不能吃饭），集体生活对于培养孩子的忍耐力是很有帮助的。

在孩子的不同成长阶段，父母一定要注意根据孩子的情况调整教育方法，选择适合孩子成长阶段的方法来培养她的忍耐力。当父母看到孩子的忍耐力有所提高时，应该及时给予肯定和赞扬，并鼓励孩子再接再厉。

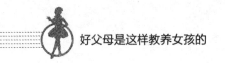

面对挫折女孩要勇敢

1948年，牛津大学举办了一个名为"成功秘诀"的讲座，邀请丘吉尔来演讲。那天，会场上人山人海，人们都渴望听到这位政治家的成功秘诀。丘吉尔来到后，用手势止住了大家雷鸣般的掌声，说："我的成功秘诀有三个：第一个，决不放弃；第二个，决不、决不放弃；第三个，决不、决不、决不放弃！我的讲演结束了。"说完他就走下了讲台。会场上沉寂了一分钟后，爆发出了热烈的掌声，经久不息。

由此可见，人要想取得成功，离不开坚持到底的勇气。现在的社会，竞争异常激烈，孩子总有一天要走向社会，免不了要遭遇挫折和失败。如果父母一味地呵护女儿，对她过度保护，并试图清除她成长道路上的所有障碍，会使她的心理过于脆弱，耐挫力不强，难以承受现实社会中的各种压力。

一个人承受挫折的能力差，就容易产生消极情绪。消极情绪会妨碍人的行动，使人更容易遭受失败和挫折，而失败和挫折反过来又会使消极情绪加重，从而形成一种恶性循环。可见，回避挫折反而更容易遭受挫折。一位教育学家曾说："如果孩子的生命是一把披荆斩棘的刀，那么挫折就是一块必不可少的砥石。"为了把"刀"磨得更锋利些，父母应教育孩子勇敢地面对挫折的磨砺。

为了提高孩子的抗挫能力，父母应该这样做：

1. 提高孩子抗挫能力

一些父母看到女儿跌倒时，总是急忙将她扶起，心疼得不得了。对于很多父母来说，让自己的"小公主"摔倒甚至受伤是无法忍受的事，更别提让她独自面对困难、承受挫折带来的压力了。在这样的家庭环境中成长的孩子，很少受挫，因为父母总是在她前面为她"披荆斩棘"，孩子没有独自克服困难的机会，抗挫能力自然也无从培养。但父母不可能永远陪伴在孩子身边，孩子一旦独自面对一些挫折，因为缺乏经验和锻炼，心理往往承受

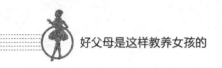

不了。所以，父母必须树立正确的教育态度，容许孩子跌倒、受伤，不急于向她伸出援手，让孩子尝试自己爬起来面对困难。父母要扮演的角色是鼓励者、陪伴者，可以适时给予孩子鼓励，必要时可以协助她找出问题的解决方法，但不能代替她解决问题。

父母还要尽量避免对孩子进行消极、否定的评价，而应多用一些积极、肯定的评价。比如，"虽然这件事你没有做成功，但我要表扬你，因为你有尝试的勇气"或"你一定要相信自己，爸爸妈妈相信你能行"。父母这样做能使孩子意识到完全不必害怕失败，因为只要努力就可以战胜困难。这样孩子就能慢慢学会承受和应付各种困难、挫折了。

2. 培养孩子对待挫折的正确态度

孩子对周围的人和事物的态度常常是不稳定的，易受情绪等因素的影响。在遇到困难时，孩子往往会产生消极情绪，不能以正确的态度对待失败和挫折，这时，父母要及时告诉孩子："失败并不可怕，你只要勇敢一些，一定能把事情做好。你要从失败中吸取教训，想一想下次怎样做。"父母在孩子遭遇失败时，要有意识地引导她重新鼓起勇气再尝试，同时教育女儿敢于面对困难和挫折，提高克服困难和承受挫折的能力。

父母也可以经常给孩子讲一些鼓励人勇于面对挫折的小故事，让孩子从故事中明白挫折不可怕，可怕的是一蹶不振、放弃自我。

3. 根据孩子的身心特点进行适当的挫折教育

每个女孩在遭遇挫折时的心理反应是不一样的，父母要根据自己女儿的性格对她进行挫折教育。如果她自尊心较强，又很好强，爱面子，遇到挫折时就会很容易产生沮丧心理。此时父母不要对她有过多的埋怨和批评，要点到为止，多加鼓励。如果女儿比较自卑，本来就对自己的能力缺乏信心，那么父母对她进行过多的指责就会让她更加难过，此时父母应多加宽慰，善于发现她的长处，帮她创造成功的机会，增强她的自信心。

每个女孩应对挫折的能力是不一样的，父母要根据孩子的能力，选择适当的方式进行教育。通常，能力较强的女孩遇到挫折时，父母的任务重在启发，让她发现自己受挫的原因，放手让她自己去解决问题；而对能力较弱的女孩，父母应该帮助她确立切合实际的目标，并根据目标制订切实可行、步骤明确的计划，使她能不断地看到自己的进步，从而逐步增强克服困难和挫折的信心和能力。

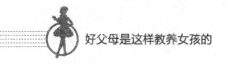

4. 给孩子创造承受挫折的机会

现在的女孩大多生活条件比较优越，而且被家人细心呵护，很少受挫。因此，父母可以适当地为女儿创造承受小挫折的机会，以锻炼她承受挫折、克服困难的能力，这对她未来的发展是有重要意义的。比如，父母可让孩子担负起做某件事的责任，并在孩子做事的过程中悄悄地为她设置一些小障碍，当孩子感受到挫折的时候，父母可以在一旁给予她鼓励，协助她战胜困难。

5. 对孩子的挫折教育必须注意适度和适量

父母为孩子制造挫折时设置的问题必须要有一定的难度，能让孩子感受到挫折，否则，孩子即使解决了问题也不能获得相应的成就感和进步。但父母为孩子设置的问题又不能太难或太复杂，要适度适量，以孩子经过努力可以克服为宜。因为过度的挫折感会损伤孩子的自信心和积极性，让孩子产生严重的受挫感、恐惧感，直至最后丧失信心。

6. 在孩子遇到困难而退缩时，父母要给予鼓励

人在遇到困难时想要退缩是一种正常的心理反应，当孩子有这样的表现时，父母不必过多指责，而是要让孩子认识到，人的一生会遇到很多挫折，这是无可避免、无法逃避的，我们必须正

确地认识和对待挫折，鼓起勇气努力向前，只有这样才能最终克服困难，战胜挫折。另外，在孩子做出很大努力并取得一定成绩时，父母要及时给予肯定，帮助孩子树立不畏困难的勇气和信心。

7. 对陷入挫折中的孩子要及时给予心理疏导

当孩子在挫折面前不知所措时，父母要帮助孩子分析遭受挫折的主客观原因，找出战胜挫折的关键所在，并在必要时帮助孩子一步步地实现目标，让孩子体会到成就感。而当孩子在遭遇挫折自信心受损时，父母一定要及时帮助她、指引她，不让她有心理阴影，不让她陷在受挫的情绪中太久。

8. 多为孩子创造与同伴交往的机会

孩子在和同伴的交往中可以发现别人与自己的不同，从而更好地认识自己和他人。孩子在与小伙伴的交往中能渐渐学会如何同别人友好相处，如何合作。另外，同伴之间的相互交流和协作，也能够帮助孩子更好地克服困难、解决问题。因此，父母应当鼓励孩子多与同伴交往，并在必要时创造相应的机会。

9. 让孩子适当受一点儿批评

有的父母总怕女儿受委屈，即使女儿做错事，也不忍心批评

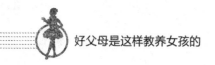
她。长此以往，孩子便养成了只接受赞扬而不能接受批评的坏习惯，在学校一旦受到老师、同学的批评，就逃课、逃学其至与同学、老师发生冲突。为了避免这种情况，父母在教育孩子时一定要注意自己的方式方法，不能太过于纵容孩子，在孩子犯错时要及时地批评，让她知道自己身上存在的缺点并努力改正。孩子只有不断地克服缺点，不断地完善自己，才能在群体中同别人和谐地相处，才能取得更好的发展。

10. 让孩子知道自己有所依靠

父母要做孩子强大的后盾，要让孩子知道当她遇到挫折时，父母永远会站在她的身后。父母在孩子遇到挫折时，一定要适时地"扶她一把"，多对她说些鼓励的话，如此才能帮助孩子学会忍受暂时的焦虑与不安，提升孩子对于困境和压力的忍耐力，使她有信心去找方法克服困难。

🎀 女孩也要自强

我们都知道，人的意志力越强，在困境和磨难面前越能应对自如，而人如果没有意志力，很难取得一定的成就。父母要想让自己的女儿进入社会后具有较强的竞争力，就要从小注重培养她的意志力。

很多家长抱怨："我的孩子太不自觉了，从不主动自觉地去学习。""我的孩子干什么事都没有常性，总是半途而废，要能坚持下去就好了。""我的孩子做事犹犹豫豫、优柔寡断，一点儿都不果断。""我的孩子有上进心，可就是自制能力太差。"

这一切问题的根源都是孩子意志力不强，缺乏自觉性、坚持性和自制力。因此，父母必须从小注重对孩子意志力的培养。培

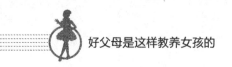

养意志力的方法有很多，每个孩子适用的方法也不一样，这里列出几种方法供父母参考。

1. 找出影响孩子意志力的关键因素，有针对性地采取教育措施

每个孩子的意志力强弱不同，父母要想有效地提升孩子的意志力，必须找到影响其意志力强弱的关键因素。

比如，一些做事情虎头蛇尾的女孩，很让人头疼，但是她们却能很快确定目标、采取行动，这种孩子的弱点就在于缺乏耐心和自制力。对于这样的孩子，父母可在她确定目标之后，先给她打"预防针"，提醒她一旦采取行动，就要克服困难坚持下去。在孩子采取行动的过程中，父母要注意观察孩子的行动情况，帮助孩子正视困难、克服困难，督促她要自律，不断地激励她，直至完成目标。对孩子多进行几次这样的训练，孩子意志力就会渐渐增强，养成做事善始善终的好习惯。

还有的女孩在做一件事时，最初总是犹犹豫豫，很难下决心，而一旦下定决心、开始行动之后就能够持之以恒。这种孩子的优点在于执行力较强，但在决策方面比较薄弱，主客观因素的干扰会使她难以果断做出决定。对于这样的孩子，父母在帮助她制订计划的同时，也要帮助她分析利弊因素，尽快确定目标并树立信心，培养她的果断性。

2. 在小事中磨炼孩子的意志

有些父母认为只有在惊天动地的大事中才能锻炼孩子的意志，其实，日常生活中的一些小事同样能磨炼一个人的意志。比如，早上让孩子按时起床跑步，在天气情况和孩子的身体状况都允许的情况下让孩子每天坚持这个习惯，久而久之，孩子的意志力就会得到很好的锻炼。相反，如果父母不能在小事中对孩子严格要求，孩子就很难成为意志力坚强的人。

"千里之行，始于足下"。要想磨炼孩子的意志，就要从小事做起，持之以恒。父母对孩子意志力的培养，要贯穿在孩子的整个成长过程中，并通过日常生活中的一些小事不断地磨炼孩子的意志。

3. 让孩子学会严格要求自己

父母要帮助女儿认识到自己意志力的强弱程度，让她发现自己的不足，并以严格的标准要求自己。父母自己也要下定决心，不能因为心疼孩子就不忍心让她经受磨炼。父母可以鼓励孩子多参加一些户外活动，像爬山、远足、跑步等，这些都能锻炼孩子

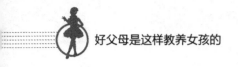

的意志力。父母还要严格要求孩子，让孩子学会以严格的标准要求自己。

4. 帮助孩子制订合理的目标

父母应根据孩子的年龄特点，帮助孩子制订短期和长期两种目标。短期目标要具体明确，让她明白只要自己努力，就能实现目标；而长期目标要定得高远，并以孩子的兴趣为前提，让她愿意一直为这个目标而努力。孩子心中一旦有了明确而具体的目标，就会为实现目标去努力，并在实现目标的过程中变得坚毅、顽强和勇敢，拥有坚强的意志力。

5. 让孩子学会独立

孩子在成长的过程中会经历失败，而父母要尽可能地让孩子独立面对问题，并给她独立解决问题的机会。父母要告诉孩子失败并不可怕，只要从失败中吸取教训，继续努力，最终会获得成功。

6. 鼓励孩子进行自我激励

自我激励是锻炼意志力的一种比较有效的方法。父母可以教给孩子一些自我激励的方法，尤其在她做一件事感觉坚持不下去的时候，要督促她进行自我激励，坚持下去，直至目标实现。

溺爱真的不是爱

懦弱是成功的头号敌人，懦弱的人做事缩手缩脚、瞻前顾后，总是错失机会。懦弱的人内心深处时常处于恐惧中，面对生活缺乏足够的勇气，很多事情不敢去尝试，即使是做自己很擅长的事情，也会担心出现意外状况。懦弱的人面对困难时没有自信心，缺乏判断力，遇事没有主见，不敢果断做出决定。

女孩如果太懦弱，走入社会后容易处处受挫。那么，父母该如何引导女孩克服懦弱的心理弱点呢？

1. 父母不能把女儿当作弱者

自古以来，人们对男人和女人就有了泾渭分明的审美标准：男人魁梧，女人婀娜；男人潇洒，女人美丽；男人意志如钢，女

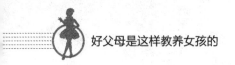
人柔情似水……在这些传统观念的驱使下，很多父母对男孩、女孩的教育方法有明显的不同。在孩子刚学走路的时候，要是男孩跌倒了，父母会鼓励他说："男子汉不能哭。勇敢点儿，自己爬起来！"而女孩要是摔倒了，父母马上无比心疼地把她抱起来，搂在怀里，边哄边替她擦眼泪。大多数父母潜意识里认为女孩比男孩柔弱一些，因此对女孩无比呵护，认为女孩需要比男孩更多的保护。

如果父母一直把女儿当作弱者去保护，而不是培养她的意志力，那么在她长大后很容易形成懦弱的性格。实际上，社会对女孩的要求并不比对男孩的要求低，在竞争激烈的大环境下，女孩如果不具备勇敢、坚强的品质，很难在社会中占据一席之地。父母作为女儿的首任"教师"，作为女儿性格和气质的第一个"雕塑师"，有责任培养女儿坚强的意志力。因此，父母应自觉地摆脱陈旧的观念，在日常生活和家庭教育中，有意识地培养和训练女儿勇敢、坚强、自信的性格和气质，使她将来能够更好地适应社会。

2. 鼓励女孩多和外界交往

女孩喜欢和小伙伴们在一起，她们有自己的闺中密友，可以互相吐露心事。女孩相较男孩更害怕孤独，如果女孩不能较好地处理人际关系，不能较好地融入群体之中，那对于她来说是件很痛苦的事。通常性格懦弱的女孩比较害怕与人交往，尤其是与陌生人交往，对于这样的女孩，父母一定要给予孩子更多的帮助，鼓励她勇敢地和别的孩子交往，千万不能让她封闭自己。因为在和小伙伴交往的过程中，孩子可以逐步树立自信心，养成乐观坚强的性格。

3. 不要过分溺爱女孩

"不要动，小心烫着你！""想吃苹果？妈妈给你削，刀子会伤到手！"这些话是许多父母经常对女儿说的。在生活中，父母的过分保护会给女儿消极的暗示，让她认为自己什么事也不能做、什么事都要依靠父母。在父母的溺爱下，孩子失去了锻炼自我的机会和解决问题的能力，于是在没有父母的保护时，往往就表现得比较懦弱，面对困难时不知所措。

4. 多让女孩自己拿主意

对女孩过分保护，会使她很难获得成长的机会。父母不能以"都是为她好"的名义凡事替女儿做主，包办女儿要做之事，要相信孩子的判断和决策的能力，要多给她自己拿主意的机会，让

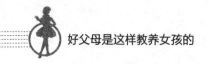

她渐渐树立起自信心，拥有做决定的勇气，这样才能使女儿成为有主见、坚强的人，拥有面对生活的勇气和能力。

5. 鼓励女孩勇于争取

香港著名女作家梁凤仪小时候是一个不敢说话的小女孩。有一次，小凤仪跟爸爸逛商场，大家就要离开时，她拽住爸爸的衣角，说："爸爸，我想再玩一会儿。"其实小凤仪并不是贪玩的孩子，她只是想要柜台里漂亮的洋娃娃。爸爸早就看出了她的心思，但没有主动买给她。最后，小凤仪忍不住了，她小声地对爸爸说："爸爸，其实，我……想买一样……东西。""你想要什么？""我想要一个洋娃娃！"小凤仪鼓起勇气说。最后，她得到了一个洋娃娃。

谦让是一种美德，争取也是一种能力。溺爱真的不是爱。当孩子希望得到某种东西或机会的时候，当孩子的权利被侵犯的时候，当孩子面临各种压力的时候，父母要让孩子懂得：争取不一定能获得，但放弃肯定会失去。很多时候，孩子要学会为自己争取想要的东西。

第三章

教给女孩正确的
为人处世之道

学会自我认知很重要

虚荣心太害人

不攀比不嫉妒

与人分享受欢迎

让女孩有一颗善良的心

自控力从小培养

锻炼女孩的独立性

不做"输不起"的女孩

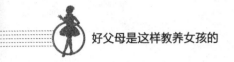

🎀 学会自我认知很重要

女孩与男孩不同，女孩的心理发育早，在同一年龄阶段，女孩的自我认知意识较男孩更加强烈。作为父母，对女儿的自我认知能力要有一定了解。下面这个测试可以帮助父母了解女孩的自我认知程度。

请根据自家女儿平时的表现回答下列问题，客观真实地进行选择。

1. 善于用语言、手势、动作或其他身体语言表情达意。

　　A是　B有时是　C不是

2. 能清晰地表达自己的爱好与兴趣。

　　A是　B有时是　C不是

3．意志力较强，能不受干扰地坚持完成正在做的事。

A是　B有时是　C不是

4．做事遇到困难时，会想办法去解决，不会轻易放弃。

A是　B有时是　C不是

5．能很好地表达自己的感受和情绪。

A是　B有时是　C不是

6．离开了成人，也可以独自思考、独立活动。

A是　B有时是　C不是

7．对自己有信心，不怕与其他人做比较。

A是　B有时是　C不是

8．做事较有计划，能自己设计好行动步骤，并按计划执行。

A是　B有时是　C不是

9．对自己有一个比较稳定的认识，不会轻易被别人的评价
影响。

A是　B有时是　C不是

10．有自己的学习和思考方法。

A是　B有时是　C不是

11．能够比较好地调整自己的情绪，遇到不高兴的事时不会

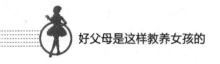

长时间情绪低落。

    A是　B有时是　C不是

12．能够比较公正地将自己与其他小朋友进行比较。

    A是　B有时是　C不是

13．能对自己的行为进行主动反思，并在反思的基础上进行调整，更好地达到目标。

    A是　B有时是　C不是

14．有自己的主张，不会人云亦云。

    A是　B有时是　C不是

15．自律性较强，能自己管理好自己，比如，自己按时起床、按时睡觉、按时吃饭、按时写作业，不需要成人监督、控制。

    A是　B有时是　C不是

评分标准：

选A得3分，选B得2分，选C得1分。

总分少于32分：这个分数段的孩子自我认知能力发展不足，父母要注意在日常生活中对孩子多加训练，帮助孩子更客观地认识自己，并在此基础上更好地管理自己。

总分在32~39分：这个分数段的孩子自我认知能力发展正

常，对自己有比较客观的认识，能在一定程度上管理、调节自己的行为和感情。

总分超过39分：这个分数段的孩子自我认知能力发展很好，孩子对自己非常了解，能公正地评价自己，充分认识自己的优缺点，并且能很好地管理自己。

父母在了解了自己孩子的自我认知能力后，就要针对孩子的情况，对孩子进行相应的教育和训练，让孩子对自己有一个正确的、完整的了解，做个"明白人"。

1. 帮助孩子了解自己的智力发展情况

我们通常说的"智力"，包括感觉、记忆、思维、想象、语言、行为等六种因素。智力发展水平对孩子未来发展的影响是重大的，也是父母教育孩子的重点所在。

父母要引导孩子正确认识自己的智力发展水平，明确优势与不足，增强自信心，丢掉自卑感，让孩子坚信"我能行"，"天生我材必有用"。

2. 帮助孩子了解自己的非智力因素发展情况

非智力因素，指的是个人的需要、动机、兴趣、爱好、理想、信念等。在孩子的成长过程中，非智力因素的重要作用不容忽视。

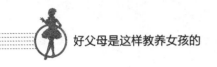

由于孩子年龄小、人生阅历有限，没有形成完善的价值观和稳定的性格特征，因此需要父母对孩子进行逐步的引导和培养。

3. 帮助孩子了解自己的身心发展情况

孩子在成长过程中身心状况会不断发生变化，这些变化可能会令孩子产生困惑，此时父母要及时帮助孩子正确认识自己的身体情况和心理情况，只有这样，孩子才能更好地认知自我。

孩子拥有自我认知能力非常重要，这是父母培养孩子生活能力的前提条件。那么，在孩子已经具备一定自我认知能力的前提下，父母要怎样培养孩子必要的生活能力呢？

（1）教孩子认识周围环境。

孩子总是要与社会接触，所以父母要有意识有步骤地教孩子认识自己家周围的环境，以及父母的姓名和工作单位等。让孩子了解这些，既可以锻炼孩子的认知能力，又可以降低孩子走失的风险。另外，父母还可以教孩子一些交通规则等日常生活中的常识，这对孩子离开家以后的社会生活会有帮助。

（2）教孩子认识药品，了解用药常识。

我们所说的生活能力中，很重要的一个方面就是认识和利用物品的能力，而药品是其中一个不可或缺的部分。每个家庭中通常都备有一些常用的药品，父母可以把一些常用药品拿出来教孩子辨认，使其逐渐了解药品名称、用途及用法。这样既能让孩子增长知识，又可以帮助孩子应对紧急情况。另外，在带孩子去医院看病的时候，父母还可以教孩子认识医院里的一些东西，让孩子熟悉医院的环境，以便减轻孩子对医院、医生的恐惧，培养孩子在发生意外时能自己到医院求助的能力。

（3）教孩子认识生活中常用的小工具及安全使用方法。

父母不要因为害怕孩子受伤就阻止孩子接触生活中的工具。父母正确的做法是教会孩子安全地使用一些小工具。比如，在使用一些小工具时，父母可以告诉孩子工具的名称以及使用时的注意事项。父母可以给孩子提供一些比较安全的小工具，如餐刀、不带尖的剪刀、小型的锤子、钳子等。

（4）培养孩子的自我保护意识。

女孩由于体力上的弱势，比男孩更容易受到侵害。父母要让自己的女儿明白社会上存在着一些危险因素，要让女儿从小树立起自我保护意识，以免受到坏人的伤害。父母应告诉孩子不能接受陌生人的礼物，不要跟陌生人回家，也不能随便让陌生人到自己家里来，不能让父母以外的人抚摸自己的身体，碰到居心不良

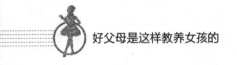
的人纠缠时，要赶快跑到人多的地方或向警察求助，还可以大声呼救或跑到附近的居民家。

（5）培养孩子的自理能力。

孩子最终要独自面对生活，因此培养其自理能力是父母的重要责任。让孩子从小参与做家务，可以培养孩子的自理能力和动手能力，帮助孩子更好地适应未来的生活。

有些父母对孩子事事操心，什么事都恨不得替孩子做，这样很容易造成孩子生活自理能力差。比如，很多女孩到了上大学仍然不会洗衣服、整理床铺，在学习和生活中遇到了不顺心的事或者困难的时候，往往会不知所措，不会自己想办法解决，而是直接向家长求援或是一味抱怨。

由此可见，从小培养孩子独立生活的能力，对孩子的成长是非常重要的。父母千万不能因为孩子是女孩就什么事都不忍心让孩子做，女孩也应自立自强，所以，帮助孩子学会一些生活技能，使其学会独立、学会更好地适应社会生活是父母的责任。

虚荣心太害人

　　每个人都有虚荣心，女孩也不例外。一群孩子在一起玩，有时大家就会攀比，谁的父母挣的钱多，谁家的房子漂亮，谁的漂亮衣服多，等等。很多父母不明白为什么这么小的孩子就有了虚荣心，其实虚荣心是人的一种本性，只是每个人虚荣程度不同而已。人偶有虚荣心没多大关系，如同爱美是人的天性，有点小虚荣会有向上的动力，但如果不控制，会越加膨胀，成为一种具有消极影响的心理活动，再任其发展，会影响孩子的心理健康，甚至造成严重后果。

　　父母可以从以下几点来帮助自己的女儿克服虚荣心。

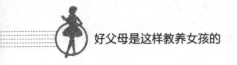

1. 让女儿保持合理的自尊，树立正确的人生目标

虚荣心的产生跟自尊心有极大的关系。虽然在社会生活中人人都有被尊重的需要，都希望得到社会的承认，但如果"自尊过度"的话，就会演变成虚荣心。虚荣心强的人争强好胜，喜欢表现自我；对人的态度常常比较张狂，目中无人；喜欢自作主张、自以为是；有时为了达到某种目的甚至不择手段。在孩子的成长过程中，父母要教育孩子不要太过虚荣，不要盲目和别人攀比。

通常，一个人追求的目标越高，对低级庸俗的事物就越不会倾注太多的心思。所以，父母要正确引导孩子，告诉孩子虚荣心的害处，让孩子多向那些淡泊名利的人学习并以他们为榜样，树立正确的人生目标，克服虚荣心的影响。

2. 让女儿学会正确认识自我

父母必须教导孩子正确认识自我，了解自己的心理状态，明确自己的能力，认识到自己的不足。孩子只有充分认识到自我能力及自身状况后，才能客观地看待自己，在未来很好地发挥自己的能力优势，使自己的行为更加合理、更加适应外界环境和社会的要求。

3. 让女儿学会谦逊

父母要让孩子懂得"谦虚使人进步，骄傲使人落后"的道理，尤其要让孩子明白，即使现在没人称赞，只要自己真的优秀，总有一天也会得到别人的肯定和赞赏的。所以对外界的评价不必太在意，也不必总是把自己和他人进行比较，只要专注于自己的事，就能得到自己想要的结果。

4. 要正确评价女儿

表扬和鼓励孩子是每个父母都应有的教育态度，如果表扬得当，可以巩固其优点，增强孩子的自信心，促进孩子不断进步；但如果表扬不当或表扬过度，就容易使孩子骄傲，从而看不起别人，认为自己比别人都优秀，别人都不如自己，甚至当有人夸奖别人而没有夸奖自己时，孩子就会难以接受。

孩子自我认识能力的养成是需要一定时间的，在其刚刚开始萌芽时，孩子还不会全面地看问题，也不能正确地评价自己和别人，对自己的评价大多是以成人的评价为标准的，所以，父母要正确评价自己的女儿，不能因为疼爱和喜欢就把对女儿的评价随意拔高，或过分赞赏，这样很容易使孩子对自己产生不正确的认识，进而导致虚荣心理的产生。

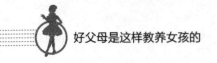

5. 引导女儿树立正确的竞争意识

如果女孩有争强好胜的性格，那么她很容易产生虚荣心理。父母要引导和教育孩子用自己的努力和实际能力去同别人相比，要告诉孩子，竞争是为了找出差距，使自己能够取长补短、更快地进步，只要自己取得了进步就是成功，未必一定要超过别人。

6. 让女儿学会欣赏别人，调整好自己的心态

父母要让孩子明白，每个人都有自己的长处和短处，没有谁比别人各方面都优秀，但每个人都有其闪光点，父母要让孩子学会欣赏别人的长处，以克服攀比心理和虚荣心理。

🎀 不攀比不嫉妒

通常，人们都会有攀比心理，也正是因为人与人之间的比较和竞争，才促使人们不断地提升自己，从而取得更大的进步。但过度的攀比会影响人的心理健康，使人不能正确地认识自己，不能以客观的态度对待外界的评价，甚至做出一些极端的举动。因此，父母要帮助孩子从小克服攀比心理，树立正确的竞争观念。

随着人们生活水平的不断提高，越来越多的父母会给自己的女儿买各种衣物，使女孩重视穿着打扮。然而，如果女孩过于讲究穿着打扮，一味地追求高档、名牌，会给孩子自己带来很多不利影响，如分散精力，影响学习，加重家庭的经济负担，助长孩子的虚荣心及奢侈浪费的生活习惯等。因此，父母对于女儿过于讲究穿着的现象不能掉以轻心，更不能盲目迁就，助其发展，而

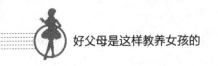

应该对孩子进行健康的审美教育，帮助孩子克服不良的消费观念和消费行为，形成正确的消费观和消费行为。

当孩子出现过度攀比的现象时，父母不要强硬地批评孩子，也不要过多指责孩子，因为这样，很有可能会让她失去自信，甚至使其自尊心受到伤害。父母要以积极的方式对孩子加以引导，比如，父母可以诚恳地告诉孩子："适度的比较和竞争是推动一个人追求进步的重要力量，但是，一味地在物质条件方面攀比是很浅薄的行为，并不能使人得到进步和成长。"父母还要告诉孩子，可以和别人比学习成绩，和别人比做好人好事，和别人比掌握知识多少，这样会让孩子在成长的过程中正确认识到比较和竞争的意义，并且使其转化为积极的心理能量去激励自己，充分挖掘自己的潜力。

父母还可以用生活中的事例对孩子进行引导教育，比如：互为邻居的两家都有女儿，而且学习成绩都不错，都想考名牌大学，两个女孩都不服气对方，互相攀比。为了引导两个孩子都取得好成绩，考入理想的大学，两位妈妈商量好，对自己的孩子说对方孩子的优点，然后引导自家孩子向对方学习。这样，在不知不觉中，两个孩子学会了用欣赏的眼光看待对方的长处，比优点、比学习方法、比学习成绩，最终两人都考上了自己理想的大学。

通常攀比心强的女孩会有一定的竞争倾向，父母要抓住孩子这种心理，引导孩子在学习、能力、意志力、好习惯养成等方面不断提升自己，激励她向积极的方面发展。

有的女孩喜欢和别人攀比自己拥有的物质条件，比如和其他孩子比父母的收入，比零花钱，比生活条件等。对于孩子的这种攀比心理，父母就要加以注意了，要对其进行正确的引导，不能任由这种攀比之心发展，否则，会对孩子的身心健康造成不良影响。

有些女孩的攀比心态发展到一定程度，就会演化为极端的嫉妒心理，而嫉妒心理是要不得的。孩子一旦有了嫉妒心理，就可能为了在竞争中取胜而不择手段。

报载：北京某知名大学的一位女研究生，将同宿舍的一个同学告上了法庭。原告与被告以前关系不错，堪称该系的一对"姐妹花"，两人的学习成绩也不相上下，因此常在暗中较劲。到大三的时候，两人都参加了托福和GRE考试。原告的成绩较理想，就向美国一所著名大学提出申请，不久被告知每年可获得近2万美元的奖学金。原告高兴万分，等着学校的正式录取通知书。可是被告考砸了，看到原告整天兴高采烈的模样，心中更加气愤，

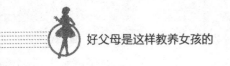

就想出了一个坏主意……

原告迟迟未收到正式录取通知书，就托在美国的同学去该校打听。校方说，曾经收到她发来的一封电子邮件，表示拒绝来该校学习，因此，校方已经将名额转给了别人。原告闻此消息，如五雷轰顶，冥思苦想这到底是怎么回事。后来，原告经过多方调查，才发现是被告以原告的名义，给学校发了一封拒绝函。原告怀着愤怒的心情，将此事诉诸法庭。

上述案件可谓令人唏嘘，原本前途一片光明的两个女孩却陷入了人生的困境。那么，是什么害了这两个女孩？答案是嫉妒心！

嫉妒是攀比心理的极端化，是一个人感到别人的成功贬低了自己从而产生的极端的报复心理。嫉妒心可以多种面目出现，或是贬低他人以弥补自己的失衡心理，或是对他人进行诋毁和中伤，甚至对他人进行人身伤害。心怀嫉妒的人可能表面上什么也看不出来，但这种可怕的心理却像毒蛇一样吞噬着人的心灵，让人丧失良知和理智。英国哲学家培根认为，嫉妒是一切负面情绪中持续时间最长也最容易让人堕落的。嫉妒心重的人看到别人取得了一定的成绩，就会感到苦恼、不安与愤怒，有些女孩甚至连看到别人比自己打扮得漂亮也会闷闷不乐，或者设法贬低别人，或者不惜搬弄是非，散布流言蜚语，诽谤中伤别人。

如果孩子有了这种极端的嫉妒心态，就可能造成严重的心理问题，使其很难处理好人际关系，也无法将注意力集中在自己的学业上，甚至会导致性格的扭曲。因此，父母如果发现自己的孩子有了这种极端的心理，一定要注意引导她，别让嫉妒心理毁了孩子。那么，父母要怎样帮助孩子避免嫉妒心理的产生呢？

（1）教孩子学会自我鼓励。

父母要告诉孩子，当看到别的孩子在某些方面比自己优秀而心中有些不舒服时，要学会自我调节和自我鼓励，要坚定自己的自信心，相信自己在某个方面也比较优秀，告诉孩子不要把目光总盯在别人的成绩上，多想想自己的优点，相信自己也不比别人差。

（2）告诉孩子不要过高要求自己。

父母要帮助孩子避免和克服嫉妒心理，就要让孩子明白，没必要对自己要求过高，不要想着事事都超过别人、事事都比别人强，因为这是不可能的，山外有山，人外有人。如果孩子总怀着不切实际的渴求，在不能达到目的时往往就会产生嫉妒心理。

父母要帮助孩子冷静而客观地衡量自己的主客观条件，正确

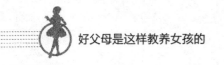

认识自己的长处和短处，力求从自己的实际情况出发，制订正确的目标，同时不要过高地要求自己。父母还要告诫孩子，即便经过努力达不到既定目标，也不要气馁，更不要嫉妒达到目标的人，要认真地总结经验教训，同时把目标修订得更切合实际一些。

（3）教孩子正确与人相处。

父母要告诉孩子，当与人相处时，要尊重他人，多看对方的优点，学会与他人真诚相处，学会欣赏与赞美他人的成就。因为只有在关系融洽、互相信任的人际关系中，才能增进彼此间的友谊，从而共同进步。而嫉妒心理会导致人际关系的恶化，这种心理对个人的成长和进步也是十分不利的。

（4）唤醒孩子积极的进取心理。

帮助孩子克服嫉妒心理较好的办法是：唤醒孩子积极的进取心理，使其勇敢地向对手挑战。当父母发现孩子正在嫉妒一个在某些方面优于自己的同伴时，要教导孩子，嫉妒并不能改变自己的现状，只会给自己的身心造成危害，要想赶超他人，就必须下定决心去努力，化嫉妒为动力，使自己取得更大的进步。父母同时还要教导孩子，真正的成功不是超越他人，而是超越自己，只有使自己不断进步、不断成长，成功才可到来。

🎀 与人分享受欢迎

分享是人与人之间一种表达爱和友谊的方式，具有分享意识的孩子，能够和谐地与他人相处，能够收获友谊，建立良好的人际关系。生活中，有些女孩比较霸道，什么都喜欢独占，不愿和他人分享，这有父母不注重培养孩子分享意识的原因。孩子的分享意识需要从小培养，而家庭、幼儿园、学校都是培养的基地。我们首先提供以下建议供父母参考。

1. 让孩子养成分享的习惯

在一些家庭中，经常会出现这种现象，对于女儿喜欢吃的东西，父母会对她说："吃吧，不给别人吃。"还有的父母在孩子吃东西的时候喜欢逗孩子："来，给我吃一口。"当孩子真的举

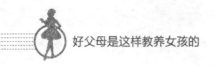

起手中的食物后，父母却对孩子说："你吃吧，我逗你玩呢。"久而久之，孩子可能会产生错误的概念：我可以独占我想要的东西，不必跟他人分享。于是当父母真的要求与孩子分享她喜欢的东西时，孩子就接受不了。其实父母在孩子成长过程中，应该有意识地引导孩子好东西要与大家共享，让孩子在头脑中有分享的意识和习惯。

2. 让孩子享有选择权

很多女孩喜欢玩别人的玩具，但是让她拿出自己的玩具和小伙伴们一起玩时，她就不乐意了。针对这种情况，父母可以在客人到来之前，是让孩子挑选几样她愿意让别人玩的玩具，告诉她不要担心玩具会被拿走、玩坏，脏了也可以洗干净。这样当孩子与别人分享玩具时，她能感到自己对这些东西仍有控制力，因为玩具还是属于她的，并且是她主动选择与小伙伴分享这些玩具的，而不是被父母强迫这样做。

3. 告诉孩子不要自私

自私的孩子很难交到知心的朋友，也很难融入到集体中去。所以，父母如果发现孩子有自私的表现，一定要及早纠正，从小培养孩子的分享观念。父母可以通过给孩子讲故事、看电影等方法，将分享观念植根于孩子的心中。

有个妈妈给女儿讲了《巨人的花园》这则童话。童话中一个巨人拥有一座非常美丽的花园，但自私的巨人却不准任何人进入，即使是天真无邪的小女孩也不准进入。失去了孩童纯真笑语的花园变得不再美丽，鸟儿不再歌唱，花儿不再绽放，春天也不再光临，冰雪封冻了整座花园。巨人变得闷闷不乐。

有一天，一大群孩子来到花园，春天的美景又重现了，巨人感受到分享带来的快乐，于是从此变得不再自私。

那个妈妈在给自己女儿讲述这个童话时，引导孩子关注巨人性格变化的原因和结果，并将故事与孩子的实际生活联系起来，帮助孩子认识到自私的危害和分享的意义。

4. 鼓励孩子的分享行为

父母对孩子的分享意识要坚持正面引导，当孩子做出慷慨分享的举动时要及时给予表扬和肯定，让孩子接收到正面反馈，鼓励孩子将这一行为坚持下去，使孩子的分享意识得以巩固。

好父母除了在家庭中引导孩子懂得分享意义外，对孩子在幼儿园做到的分享案例，以及在学校中的助人为乐行为都应鼓励、赞扬。分享是人一生应该做的，而不是暂时性的行为。

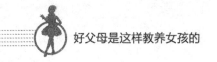

让女孩有一颗善良的心

很多父母对孩子的智力发展和身体发育十分重视，却很少考虑如何让孩子学会同情、关心和帮助他人，这对孩子的健康成长十分不利。

对一个人而言，什么是最重要的东西？美国著名作家亨利·詹姆斯的侄子曾经问过他这个问题。当时，詹姆斯回答说："人生有三样东西是最重要的：第一是善良；第二是善良；第三还是善良。"

善良是人高尚品质的核心，正如人们常说的"人之初，性本善"，善良是人的真性情的表现。让孩子养成善良的品质，对于孩子以后很好地融入社会是十分有帮助的。

不过，现在很多生活在优越家庭环境里的独生女，享受着父母以及长辈们无微不至的照顾，却从不知道体谅父母及他人，不知道心疼长辈。很多孩子只知道享受，不懂得付出，而且自私、懒惰、怕吃苦。这些孩子不缺吃，不少穿，更不缺少爱，可是却缺少善良的品质。这样的孩子如果得不到正确的教育和引导，很容易成长为冷漠、自私、任性又脆弱的"小公主"，她们不懂得爱父母、爱同学，也不知道关心别人、为别人服务、为社会尽义务。所以，父母要从小教育孩子心地善良、与人为善，富有同情心，懂得感恩和分享，引导她成长为善良的女孩。

那么，如何培养孩子善良的品质，让孩子学会与人为善、富有同情心呢？父母可从以下几个方面入手。

1. 为孩子创造温暖、友爱的成长环境。

人的善良品性表现在日常生活的点点滴滴中，比如，孝敬父母是一种善良的表现，孩子对父母的爱是对她所受到的父母之爱的回应；关心朋友是一种善良的表现，因为有朋友的人才会是幸福完整的个体；对陌生人伸出援助之手，是一种善良的表现，体现了人的同情心；关爱弱势群体，也是一种善良的表现，这对完善自我人格极有益处。

父母要为孩子营造充满善意的家庭气氛，教导孩子对所有认

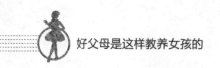

识的人，如朋友、亲戚、同事、邻居以及一切需要帮助的陌生人都友好相待。要让孩子觉得善良、友好这种品质在生活中非常重要，让孩子在善良的环境熏陶下健康成长。

2. 给孩子创造表达善良的实践机会，并赏识孩子善良的举动

孩子受到别人的友善相待会感到非常愉悦，父母可趁机告诉她善行是一件令人愉快的事，并鼓励她也要对别人行善。

父母想要让孩子养成良好的习惯，就要在她做了正确的事之后对她表示肯定和表扬，因此，让孩子形成善良品质的最好方法就是让孩子多帮助别人，并在孩子帮助他人之后给予肯定和鼓励，让孩子体会到帮助他人的快乐，从而使其养成乐于助人的习惯。比如，孩子帮了别人一个小忙，或者替别人着想时，父母要及时给予赞扬，鼓励孩子为别人多做一些力所能及的事，让孩子知道父母希望她能成为乐于助人的人。

3. 教育孩子学会以不同的方式帮助别人

帮助他人的方式有很多，包括安慰、提醒、分享、给予、协助等方式，而乐于帮助别人，并且能以恰当的方式帮助别人的孩子，肯定会受到同伴的欢迎和喜爱。因此，父母要教育孩子学会以下几种帮助别人的方式：

（1）教育孩子注意别人的需要。

当同伴处于困难中时，有些孩子能很快地察觉到，并施以援手；而有些孩子却毫无反应，意识不到同伴需要帮助。因此，父母要经常教育孩子注意关注他人，学会如何从别人的表情、行为中看出对方的需要，让孩子学会关心他人。

（2）训练孩子及时做出助人的决定。

据研究，情感的力量有助于孩子做出助人的决定。对5岁以下的女孩，父母希望她帮助他人时，可以引导她回忆自己经历过的类似情景和感受，比如，"以前你系不上扣子的时候，是不是挺着急？""上次你摔了跟头，是不是也这样哭过？"父母通过这些方式可以唤起孩子的"共情"，让她感同身受而去主动助人。对于5岁以上的女孩，父母可以设置一些情景，让她设身处地为别人着想，使孩子对需要帮助的人产生同情心，进而做出助人的决定。

（3）引导孩子做出恰当的助人行动。

有时孩子没有去帮助别人，并不是她不想帮助，而是心有余而力不足。这个"力"就是个人的能力、助人所需的特定技能

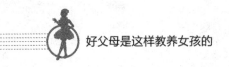

（如想帮小朋友系扣子，自己就要会系扣子）、有效的策略和知识（如遇到别人突发重病时知道如何求助）、进行人际交流的能力（如向他人求助时知道怎样把事情说清楚）。这些能力，需要父母在日常生活中逐渐地教给孩子。父母可以在实际生活中引导孩子提高助人的能力，也可以模拟类似的情形，告诉孩子应该怎样去做。

（4）为孩子做出良好的示范。

父母的行为对孩子有着最直接、最持久的影响作用。为孩子树立学习与模仿的榜样，是父母的首要任务。在日常生活中，父母应首先做到助人为乐。比如，乐于把东西借给邻居使用，主动把好吃的食品拿出来与别人分享，舍得把自己心爱的物品送给别人等。如果父母能做到与人为善、乐于助人，就能自然而然地在孩子的心中播下善良的种子；如果父母教育孩子要乐于助人，自己在生活中却处处表现得自私自利，这样的教育显然不会真正发挥作用。

（5）为孩子寻找助人为乐的榜样。

父母除了自己以身作则外，可以利用电影、电视、童话故事等文艺作品中的榜样人物以及社会上的道德模范来教育孩子，熏陶孩子。榜样的力量是无穷的，如果孩子能真正认识到助人为乐的重要意义，真正把助人为乐的人作为自己的榜样，在各种榜样行为的影响下，孩子便会逐渐形成助人为乐的意识。

（6）鼓励孩子帮助有困难的人。

在生活中，常常会有一些需要帮助的贫困者或受难者，此时父母应鼓励孩子解囊相助。比如，把自己的玩具或衣物送给贫困家庭的孩子，把自己的压岁钱捐给受灾的地区或急需钱治病的人们，也可以让孩子帮助别人做一些力所能及的事情以减轻其负担。通过这些助人的经历，孩子会体会到帮助别人的快乐，因而会把这种助人行为作为一种强烈的精神需要，从而形成稳固的助人为乐的性格特征。

（7）让孩子相信自己有能力帮助别人。

有些孩子在他人需要帮助时，表现出迟疑或冷漠。其实，孩子本身是愿意去帮助人的，只是缺乏自信——不相信自己能发挥作用，不相信自己能帮助别人。父母要经常寻找机会，让孩子提高自信，并让她适当地帮助他人做些事。父母还要在孩子做好事后及时给予赞扬和鼓励，让孩子感到自己有能力、有信心，从而愿意帮助别人。

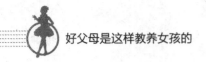

🎀 自控力从小培养

在非洲草原上，吸血蝙蝠在攻击野马时，常附在马腿上，用锋利的牙齿极敏捷地刺破野马的腿，然后用尖尖的嘴吸血。无论野马怎么蹦跳、狂奔，都无法驱逐这种蝙蝠，蝙蝠却可以从容地吸附在野马身上，直到吸饱吸足，才满意地飞去。而野马常常在暴怒、狂奔、流血中无可奈何地死去。经动物专家研究，害死野马的不是吸血蝙蝠，而是野马自己。吸血蝙蝠所吸野马的血量是微不足道的，根本不会让野马死去，让野马死亡的真正原因是它暴怒狂奔的性格。

人遇事如果同野马那样，不能控制心态，不能理智、冷静地面对一切，就会产生严重的性格缺陷。

喜怒哀乐是人之常情，人生活在充满矛盾的世界上，谁没有遇到过让人生气、令人气愤的事呢？然而，无论从生理健康还是从心理健康上讲，动辄勃然大怒都是有百弊而无一利的。怒气犹如人体中的一枚"炸弹"，不仅会伤害自己，还可能殃及他人。

"急则有失，怒则无智"，遇事冲动、动辄发怒，既有损身体健康，又会让人丧失理智，做出一些疯狂的举动，使自己和他人都受到伤害。同时，经常冲动，心脏、大脑、肠胃都会受到损害，严重者甚至会危及性命。由此看来，冲动实在是有百害而无一利、损人又不利己的愚蠢行为。

因此，父母要教导孩子，遇事千万不能冲动，要用平常的心态、大度的胸怀，理智地去对待各种让她烦恼的事情，以便进行准确的判断和决策。父母可参考如下建议，教导孩子克制冲动行为。

1. 教孩子凡事想一想再去做

爱冲动的孩子在行动前常常不假思索，很少考虑行为的后果。为了提高孩子的自我控制能力，父母要教育孩子在做事之前先想一想，根据自己以往的经验或他人的经验想一想这么做会有什么样的结果，会对自己以及别人产生哪些影响。在此基础上，

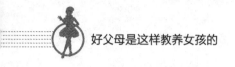

引导孩子对自己的行为进行理智调控，不做冲动之事。

同时，父母还要告诉孩子，在遇到较强的情绪刺激时，应努力使自己冷静下来，迅速分析一下事情的前因后果，尽量使自己避免冲动鲁莽的行为，以免使问题更加严重。比如，在遭遇别人的讽刺、嘲笑时，如果因暴怒而反唇相讥，则很可能引起双方争执不下，冲突加剧。但如果能提醒自己冷静一下，采取理智的对策，如用沉默以示抗议，就能更好地化解矛盾。

2. 让孩子学会从别人的角度考虑问题

性格冲动的孩子往往具有自我中心的倾向，总是站在自己的角度而不是他人的角度来考虑问题，只根据自己的意愿行动，而很少考虑到他人的感受。因此，为了帮助孩子克服这种弱点，父母应该有意识地培养和提高孩子的"共情"能力，提高孩子对他人情绪的敏感性，让孩子学会站在他人角度设想自身行为对他人所造成的影响，从而有意识地控制和调整自己的行为，以提高自我控制的水平。

3. 教孩子在生气时转移自己的注意力

当父母察觉到孩子的情绪因为某件事而变得非常激动，就要控制不住自己的情绪时，父母可以及时地采取暗示、转移孩子的注意力等方法使其放松，帮助孩子克制冲动。父母可以引导孩子先去做一些自己感兴趣的事情，或者去一个安静平和的环境冷静一下。

人的冲动情绪往往只需要几秒钟、几分钟就可以平息下来。现代生理学研究表明，人在遇到不满、恼怒或伤心的事情时，会将不愉快的信息传入大脑中，逐渐形成神经系统的暂时性联系，形成一个优势中心；如果能马上将消极的情绪转移，想一些高兴的事，向大脑中传送愉快的信息，争取建立愉快的兴奋中心，就能有效地抵御和避免不良情绪。

4．帮助孩子找到处理矛盾的方法

父母要告诉孩子，在遇到问题、冲突、矛盾和不顺心的事时，不能一味地逃避，必须学会处理矛盾的方法。通常可采用以下几个步骤：

（1）明确形成冲突的主要原因是什么，产生分歧的关键在哪里？

（2）解决问题的方式可能有哪些？

（3）哪些解决方式是冲突双方都能接受的？

（4）找出最佳的解决方式，并采取行动，逐渐积累经验。

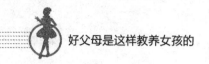

锻炼女孩的独立性

女孩在长大的过程中，会接触到各种类型的人，遇到各种简单或者复杂的问题，这时父母千万不要把孩子的事都"揽过来"，应该试着给孩子留一些解决问题的空间和机会，锻炼孩子的独立能力。

张先生有一个上初中的女儿，别人提到他的女儿时总是赞不绝口，夸他育儿有方。但是他认为，对于孩子的成长，自己其实并没有费太多心，因为很多的事情都是孩子自己处理的。

在女儿很小的时候，他和妻子就很少主动替孩子做什么。孩子摔倒了，他们只是不慌不忙地说："宝贝，试试自己爬起来。"孩子玩玩具、玩拼图游戏时怎么也拼不好，他们便在一边稍加指点，然后告诉孩子："爸爸妈妈相信你一定能拼好的。"当他和妻子认为女儿能够独立完成一件事的时候，从不主动帮忙。

有一天，女儿放学回家对他说："爸爸，我们老师说要组织一次野炊活动，可是经费得自己想办法，不能向家里要。可是我到哪里去挣钱呢？"

张先生说："自己的问题要自己解决。爸爸只能提个建议，要靠自己的真本事挣钱。"

后来，女儿就和几个同学约好，替报社卖报纸，辛苦了一个周末，挣了一些钱。

在张先生和妻子的教育下，女儿养成了独立解决问题的意识，她遇事一般不找父母，而是先自己想办法，实在解决不了，才会寻求父母的帮助。

张先生的教育方式非常值得借鉴。父母给孩子一定的自由度，适时放手，让孩子独自面对并解决问题，这样能培养孩子自立的能力。

许多父母认为："孩子只要念好书就行了，生活琐事自然有长辈代劳。"在这种教育环境中成长的孩子，往往生活自理能力很差。因为，在父母"周到"的服务、"严密"的保护中，孩子

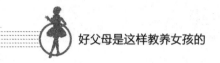

的自主行为大大减少，对成年人的依赖性越来越强。有的父母，当孩子遇到困难时，不是鼓励孩子通过自己的努力去克服，而是无原则地包办代替，试图为孩子扫清一切障碍，让孩子轻松地步入坦途，最终成为孩子成长道路上的"拐杖"，然而孩子一旦离开了这把"拐杖"便会寸步难行，难以应对未来的生活。

孩子在自己处理各种问题的过程中，要进行判断、决策和行动，这些能力不是一朝一夕就可以培养出来的，需要在生活中不断地积累经验，不断地锻炼。父母要能够从孩子处理问题的过程中，认清孩子各方面的素质，以便进行有针对性的教育。

那么，父母该怎样培养孩子独立解决问题的能力呢？下面这些建议可供借鉴：

1. 了解孩子的能力。

父母应该对自己孩子的能力有充分的认识，知道她可以做什么，在哪些方面能力不足。当父母意识到孩子完全能够应付自己遇到的问题时，就让孩子自己去解决。如果父母发现孩子遇到的问题超出其能力范围，也要引导孩子逐步学会解决问题，而不是"大包大揽"，代替孩子去解决问题，否则，孩子的能力永远得不到锻炼。

（2）尽量不干预孩子的事。

父母总是以为爱孩子就要事事替孩子去做，不仅将孩子的生活打理妥帖，而且孩子一遇到什么问题，就主动替孩子解决。其实，孩子未必乐意让父母这样将自己所有的事一手包办。因为有时父母并没有了解真相和实情，就替孩子做了决定，结果只能是将事情弄得更糟糕。

孩子有孩子的世界，孩子遇到的有些问题并不需要大人干预，比如，和朋友闹了点儿矛盾，或老师给她布置了课外实践的任务，这些问题孩子自己就可以解决，所以，遇有问题，父母先要冷静，能不过多干预就不干预。

（3）对孩子要多些耐心。

有些父母缺乏耐心。比如，女儿在家里做一件老师要求做的模型，一些细致的活她做起来显得很笨拙，或者整个过程慢吞吞的，这时父母就看不过去了，赶紧帮孩子做完。其实父母应该给孩子更多自己动手的机会，如果孩子遇到解决不了的问题，会主动寻求帮助时父母再帮助。孩子年龄小，生活经验和能力有限，做事慢一点儿、笨拙一点儿，都很正常，父母不能以自己的标准要求孩子。

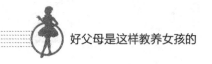

（4）不要过于"心疼"孩子。

现在很多女孩接受的是一种"暖箱式"或叫"襁褓式"的教育与保护，没有机会接受生活的磨炼，也没有机会离开大人们的保护独自面对生活。许多父母舍不得让自己的女儿吃一点儿苦，孩子在生活上和学习上遇到一点儿困难，父母就心疼得不得了，赶快替她解决，甚至把应由孩子自己做的事也代替她做完。比如帮孩子洗脸、穿衣服，替孩子写作业，替孩子收拾书包，替孩子参加学校组织的活动、劳动，在孩子犯错误时替她承担责任……这样教育出来的女孩，如"温室里的花朵"，经不得风雨，懒惰、娇气、怕苦、怕累，心理脆弱，适应能力低下，大事做不来，小事不肯做，长大后将很难在社会上立足。

人的成长不可能一帆风顺，每个人都要经受一些挫折、磨难，经受一些肉体上的痛苦和精神上的打击，所以，父母必须让孩子学会独自面对困境，这样才能培养出她顽强的意志，锻炼出她不怕困难、敢于面对失败的心理素质。

（5）鼓励孩子坚持自己的想法。

有的父母会把与孩子相关的一切事物都安排得十分"妥帖周到"；有的父母总是替孩子做决定，长此以往，这些孩子的思考能力和解决问题的能力都会被扼杀。

美国康奈尔大学的维克教授做过一个实验，他把一只玻璃瓶平放在桌子上，让瓶底朝向窗口的亮光处，瓶口则朝向幽暗的室内。他将几只蜜蜂放进瓶内，结果蜜蜂一直朝有亮光的瓶底碰撞，丝毫没有注意到瓶口在另一边。经过几次努力，蜜蜂终于明白"亮光处是出口"的假象，于是它们就停在了瓶底，不再尝试。

维克教授把蜜蜂抓出来后，又放进去了几只苍蝇，瓶底依然朝向窗口。没想到苍蝇不久就飞出了瓶口。为什么苍蝇可以飞快地找到出路？因为苍蝇一直在尝试，往左往右、往上往下、往前往后，它们不像蜜蜂那样执着于亮光处，于是能最终发现瓶口的出处，获得自由。

维克教授的结论是：唯有勇于冒险、不断尝试，才能应对变化万千的局势。

的确，很多时候，乖巧的女孩往往就像蜜蜂一样，只遵从父母和师长的要求；而拥有独立思考能力的女孩，则经过不断尝试，能最后找到通往成功的大门，就像成功逃脱的"苍蝇"一样。

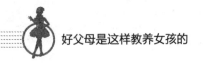

所以，父母不要只打造"乖乖女"，按自己的想法训练孩子，要给她自由思考的空间。即使一开始孩子的看法有点儿幼稚，父母也不要打击她，而要引导她。

（7）鼓励孩子多实践。

实践的过程有时比成功的结果更重要，因为孩子在实践的过程中能学到许多知识。所以，只要孩子有自己的看法和想法，父母就应该多尊重孩子的意见，这样才不会抹杀孩子的独立思考能力。作为父母，最应教给孩子的是方法和技巧，具体的实践应该让她自己去做，这样孩子才能学到真本事。

对孩子说"这个问题自己去解决"，就是在告诉她，自己的事情要自己处理，不能依赖他人，而且自己做了什么事，都要承担相应的责任。让孩子明白这些，对于她将来的独立非常重要。

❀ 不做 "输不起" 的女孩

父母不妨想想，你的女儿经受过挫折吗？你的女儿跌倒了能自己站起来吗？生活的道路不可能一帆风顺，只有意志坚强的人才有可能取得人生的成功。所以，作为父母，不应该剥夺孩子 "跌倒" 的权利，更不能因为孩子暂时的失败而觉得 "脸上无光"，而是要着眼于培养孩子百折不挠的精神。

生活中有很多 "输不起" 的女孩，通常赢了就满心欢喜，输了就怨天怨地。对于这样的孩子，父母该如何让她坦然面对失败呢？以下几点建议可供父母参考。

1. 父母要端正心态

在日常生活中，一些父母往往喜欢将孩子的成功当作自己

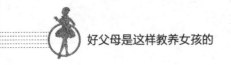

炫耀的资本。当孩子取得一定的成绩时，就夸孩子聪明、能干；成绩不好时，就埋怨孩子笨、孩子傻。这种教育方式是最不可取的，因为这样做很容易让孩子走向两个极端：要么因失败而一蹶不振；要么争强好胜，甚至为了在竞争中胜出而不择手段。

作为孩子的启蒙老师，父母在孩子个性形成的过程中起着非常重要的作用。父母在帮助孩子改变"输不起"的心态时，首先自己要平衡心态，正确看待孩子的输与赢。当孩子在学习或生活中受挫时，父母应该教育她克服沮丧和悲观的思想，帮助孩子分析失败的原因，建立积极的心态对待暂时的挫折，而不能一味埋怨、指责孩子，加重孩子的心理负担。

大多数父母都有望女成凤的心理，在孩子的教育上倾注了所有的心血，天天在孩子的耳边念叨"要好好学习""要努力""千万不能掉队"。一到孩子考试的时候，父母更是比孩子还着急，不厌其烦地嘱咐孩子一定要考好，不许失败。父母的心情可以理解，但这种教育方式并不利于孩子的成长。

在生活中，让孩子适当地经历一些失败是很有必要的。父母必须要让孩子知道，每个人都有失败的可能，失败并不可耻，更不可怕，而可怕的是不敢面对失败，不能从失败中吸取教训、弥补自身的不足。一些父母接受不了孩子的失败，往往是因为只看到了失败消极的一面，却忽略了失败的正面价值和意义。

没有谁能事事成功，孩子的生活阅历尚浅，还处在人生中最初的摸索阶段，她有权利失败。在一帆风顺的环境中长大的孩子，很容易形成脆弱的心理，有一天当她面对突如其来的挫折时，便会惊慌失措，甚至一蹶不振。因此，在孩子的成长过程中，失败的经历也是一种宝贵的财富。孩子从失败走向成功的过程，是一个锻炼自我、慢慢成熟的过程，良好的心理素质和解决问题的能力会在这个过程中培养出来。

失败可以培养孩子独立思考、独立解决问题的能力，同时还可锻炼孩子的创造性。人生若缺少了失败的磨炼，想取得永久的成功是不可能的。从这个意义上说，父母应该鼓励孩子去尝试做一些没做过的事情，在失败的磨砺中锻炼出胆量，摸索出经验。

2. 采用得体的方法教育孩子理智地面对失败

如果父母引导孩子对失败形成正确的认识，而且能够对失败采取正确的态度，那么，孩子就不容易被失败打倒，就能拥有百折不挠的品质。那么，父母应该怎样教会孩子面对失败呢？

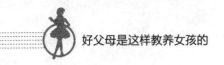

（1）告诉孩子，失败了没关系。

幼儿园里，老师要求小朋友用左右手各拍球三十下。朵朵动作欠协调，拍到十多下时，球滚掉了，朵朵两眼直望着老师，急得眼泪也流了出来。

要怎样给她打分呢？打"×"，标志着失败；若打"☆"，又不符合事实，失去了游戏的真实与趣味。能否打出一个既不表示失败也不表示成功，又让朵朵乐于接受的符号呢？

老师想了想，在朵朵耳边悄悄地说："你拍得很好，但只差几个球，离五角星只缺一条边。"于是，老师走到黑板前，在朵朵的名字后面画了一个缺一条边的五角星。朵朵破涕为笑，承认自己与其他人相比只是差了一点点。

缺条边的五角星虽然也表示不成功，但这不是表示一个结果，而是一个过程，意味着孩子离成功仅有一步之差，既给孩子带来了希望，又增强了孩子成功的信心。朵朵在以后的活动中充满自信，第二次拍球终于成功，老师不仅给她打了一个"☆"，还在第一个缺条边的五角星上添了那条缺失的边——这是对朵朵不怕挫折仍然继续努力的奖励。

很多父母常为孩子犯错和失败担心、着急，可是父母是否想过，给孩子"不许失败"的压力，孩子的心理负担会更重，会一直处于紧张状态，这样不但不能从失败的状态中走出来，甚至会使事情变得更糟。

所以，当孩子做错事情、遭遇失败、情绪沮丧时，父母不要总是重复"不许失败"之类的话，而应该告诉孩子："失败了也没有关系，下次继续努力就可以了。"孩子听到这样的话后会受到安慰和鼓舞，心中的紧张情绪和压力也会得到缓解，肩上的重担也会减轻一些。等孩子的情绪稳定以后，接下来可以让她对出错的地方反复练习。这样，通过彻底地反复练习，孩子就会树立起战胜困难的信心。所以，当孩子为"失败"而难过时，父母不应在孩子面前唉声叹气，或者劈头盖脸地责骂孩子，正确的方法是让孩子明白，失败、犯错没什么大不了，勇敢、聪明的人会从失败中吸取教训，继续努力。父母表现出允许孩子失败的态度，也是对孩子能够成功的一种信任。

（2）让孩子放松心情。

很多时候，孩子失败，也与父母施加了太大的压力有关。运动心理专家有这样一个发现：在重要比赛时刻，如果一味地给运动员施加压力，不但不能鼓舞士气，反而会影响到运动员发挥正常水平。但是，如果将很重要的目标简单化，淡化比赛的紧张情绪，那么，运动员就会产生一种轻松的感觉，很容易发挥正常的水平甚至超常发挥。

所以，当孩子做某件事失败时，父母不能一味地谴责孩子，要帮孩子放松心情，让她放下心理负担，鼓起继续努力的勇气。父母要对自己的孩子表示绝对的信任，相信她能够取得好的成绩。例如，在孩子考试或比赛之前，不要一直催着孩子去学习，可以允许她放松一下，适当地看看电视或跟别的孩子玩耍，或和孩子谈谈心，交流交流感情。总之，父母要尽量避免让孩子产生紧张的情绪。

第四章

让女孩学会思考

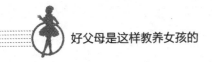

培养勤动脑、爱思考的习惯

很多父母认为帮助孩子掌握一定的思考技巧，是培养孩子解决问题能力的关键因素。那么，为什么有的孩子即使掌握了一些思考技巧，在遇到事情的时候仍然不会运用技巧解决问题呢？可见，仅有技巧是远远不够的，还需要有一定的思考能力。

牛顿是世界一流的科学家。当有人问他到底是通过什么方法获得了伟大的成就时，他诚实地回答道："我总是把我研究的课题置于心头，反复思考，最终一点一点找到答案。"牛顿还说："如果说我对公众有什么贡献的话，这要归功于我的勤奋和善于思考的品质。"

周女士带女儿去少年宫学画画，母女俩兴致勃勃地走在林荫道上。母亲告诉女儿春天来了，让女儿看看春天跟冬天有什么不一样。女儿仰头看看郁郁葱葱的大树，又看看几棵还没长出新叶的小树，问妈妈："为什么春天来了，有的树换上了绿衣，有的树却没有呢？"

母亲鼓励女儿好好想一想。女儿想起今天早上找不到衣服穿的情景，于是说道："妈妈，我知道了，春天来了，所有的树妈妈和树宝宝都要换上绿色的衣裙，有些树宝宝起晚了，找不到妈妈为她准备好的绿衣服，正在着急呢。"

母亲趁机指着一棵枯叶满枝的古树问她："那这棵树为什么还没换上绿衣裳呢？"女孩不假思索地说："那是树奶奶，她老了，手僵硬了，衣服穿不上了，她正在焦急地喊：谁来帮帮我！谁来帮帮我！"妈妈笑了。

上面案例中的周女士的做法非常值得父母学习。在教育孩子的过程中，父母要善于引导孩子去思考，学会倾听孩子的话，对孩子的思考要表现出极大的兴趣，这是对孩子勤于动脑最好的激励。当然，思考不是凭空臆想，需要一定的知识积累。所以，父母要尽可能让孩子多接触各类事物，培养孩子的兴趣爱好，使孩子的头脑中储备丰富的知识，使其思维能力得到充分的发展。

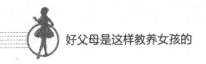

父母可以让孩子多接触色彩和线条，包括多看和多画，多带孩子观察大自然，并在此基础上鼓励孩子把看到的、想到的东西画出来。除此之外，父母也可以让孩子多听音乐，比如放一段音乐，让孩子想象乐曲所展现的情景，并鼓励孩子用语言描述出来，以此来训练孩子的思维能力，使其养成勤于思考的习惯。

父母培养孩子思维能力的具体方法有很多，但无论采取何种方式，都要遵循以下几项基本原则。

1. 让孩子学会提出问题

正确的思考方式可以使人获得成功，但并不等于只要是思考就肯定能够取得成功。所以，父母教孩子思考也要讲究科学性和方法，切忌盲目思考。其中，最有效的一个方法就是让孩子学会提出问题。

"发现一个问题比解决一个问题更重要。"这是爱因斯坦曾经说过的一句话。这句话说明问题是思维的出发点，问题的出现自然会激发思维。而敢于提出问题并积极寻求解决方法，是培养创新精神的关键所在。所以，父母要想培养孩子的思考意识和思维能力，首先要让孩子学会提出问题。

父母要鼓励孩子认真观察周围的事物，努力发现问题。当孩子提不出问题时，父母要主动询问她、启发她。父母可以引导孩子提问题。比如见到高的乔木、矮的灌木时问孩子：最高的树会不会一直长到天上去？为什么不长到高楼大厦那么高呢？矮的树为什么这么矮？最高能长到什么样？要激发孩子对万事万物的好奇心，让孩子学会发现问题、提出问题。

为了培养孩子深入思考的习惯，父母还可以抓住一些问题与孩子进行深入讨论，让孩子不满足于简单的认知，培养孩子的钻研精神。比如，谈论空气时先问孩子："空气有没有颜色？空气中有没有水蒸气？水蒸气有没有颜色？"当孩子回答完这些问题后，接着问孩子："水蒸气无色透明，为什么水开了冒出的白茫茫的水蒸气我们看得见呢？为什么冬天冒出的雾气多，天越热冒出的雾气越少呢？雾气就是小水滴，为什么它不掉下来却往上升呢？天上的云也是小水点，为什么不掉下来呢？小雨点也是小水点，为什么掉下来呢？雨点是水，水是无色透明的，但为什么看得见呢？"

好父母多和孩子一起进行这样非常有趣的讨论，可以把观察、实验、想象都结合起来，这样，孩子的兴趣也会提高，孩子的创新能力和想象能力均会得到激发。

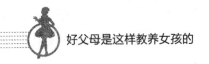

当父母和孩子遇到都回答不出来的问题时，父母不用着急，更不能搪塞而过，一定要把问题记下来，之后请教他人，或者查找资料。为了培养孩子"凡事弄个水落石出"的钻研精神，尽量做到每个问题都不放过。

为了锻炼孩子的观察、比较、分析以及归类能力，父母还可以提一些比较性的问题。比如，问孩子蝴蝶与飞蛾有哪几点相同，牡丹花和芍药花不同在哪；会飞的动物有几种不同的飞法，为什么有这些不同的飞行姿态等。这样不仅增加了孩子思考的问题、知识的储备，最主要的是增加了孩子提出问题的方式，让她以后在思考的时候可以提出更多的问题。

2. 鼓励孩子遇到难题时多动脑筋

有的女孩在学习中遇到困难时，往往不肯动脑思考，而是遇难而退，或向父母寻求答案。这时父母不应代替她解答难题，而应用坚定的语气鼓励孩子自己动脑筋思考难题，用热情的语言激励孩子攻克难关。父母还可以讲一些中外名人克服困难的故事，使孩子懂得思考怎样具备坚韧不拔的意志。

父母要培养孩子爱思考的习惯，就要鼓励她不要害怕犯错，父母自己也要有耐心，多给孩子一些独立解决问题的机会和充分的思考时间，多提几个提示性的问题引导她进行思考。

父母与孩子讨论解决问题的方法时，不要急于说"对了"或"很好"。因为这些口头表扬虽然鼓励了孩子，但在讨论中太多或者太快的赞扬就意味着讨论的结束。父母要引导孩子将问题继续深入讨论下去，最好说"那可真有意思"、"我以前还从来没想到过这种方式呢"，或者提出更多的问题鼓励孩子继续思考，让孩子养成勤于思考、勇于探索的习惯。

3. 学会欣赏孩子的思考成果

父母要学会认真聆听孩子的心声，欣赏孩子的每一次表现，哪怕是一个小小的有创意的变化，父母都要真心地给予孩子肯定和鼓励，以增强孩子的自信心，提升其思维能力和综合能力。

一个小女孩画了一幅画，她高兴地跑去找妈妈来看她的作品，只见在地板上，有一个用彩笔画的类似电视机的图形。女儿大声地说："妈妈，这是外星人的家，这里是外星人的床、沙发、电视柜。"可是在妈妈看来那些东西画得实在不像，找不出一点儿感觉，怎么看都是一个类似电视机的图形，但妈妈还是认真地表扬女儿说："你画得真棒，外星人肯定喜欢你为他们造的房子，你接着画，再给外星人添置点其他东西吧!"在妈妈的赞

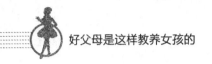

扬声中，小女孩始终保持旺盛的"创造欲望"，又画了车、房，还有游泳池，而且里面还有几条小鱼游来游去！

其实每个父母都应该明白，孩子眼中的世界与成人眼中的世界是不一样的。孩子的每一个"作品"都是不能小看的，有些也许是她模仿的，有些是她不经意间产生的想法创造出来的，而父母的任务，就是去发掘出孩子的优点并帮助她加以发挥。

父母要在家庭教育中鼓励孩子有所创造，并且用一种欣赏的眼光去看待孩子创造的成果，这样，孩子对知识的兴趣会越来越浓，就会把思考和创造当成一种乐趣。

通过以上的原则和方法培养孩子勤动脑、爱思考的习惯，可以为孩子的想象思维插上"翅膀"，让孩子在科学的领域"翱翔"，并且可以使孩子养成勇于创新勇于探索的好习惯。

放手，让探索成为习惯

生活中，我们常常会看到一些女孩不管做什么事，总是不能离开家长，遇到新事物不敢去尝试，做事不仅缺乏勇气，还缺乏思考的智慧。其实，每个孩子对世界都是充满着好奇和探索精神的，父母要做的就是激发孩子的灵感，发现孩子的兴趣，培养孩子自主思考的能力。

思考好比播种，行动好比果实，播种越勤，收获也越丰。不会思考的人常常一无所获，善于思考的人才能享受到收获的喜悦。不断地提出问题，反复地思考问题，独立地解决问题，这是通往成功的唯一途径。正如伟大的物理学家爱因斯坦所说："学会独立思考和独立判断比获得知识更重要。"他还说："不下决

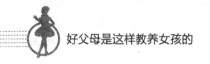

心培养思考习惯的人，便失去了生活的最大乐趣。"

1980年，大学还没有毕业的美国青年戴尔靠卖电脑配件赚到了1000美元。他在日记中写道：用这1000美元可以做成三件事——办一次酒会，买一辆二手的福特轿车，成立一家电脑销售公司。

第二天，戴尔就用这1000美元注册了公司，开始代销IBM电脑。

一年后，他开始组装电脑，并推出了自己的品牌。由于可以采用世界上各家电脑公司的配件，能满足各个层次的用户的需求，戴尔电脑很快成为热销品牌。如今，戴尔电脑已经成为家喻户晓的电脑品牌。

从戴尔成功的案例中我们可以看出，思考是一个人获得成功的重要前提，人只有学会思考才能比别人发现更多的机会，所以父母一定要教会孩子独立思考方法。

德国数学家高斯，是近代数学的奠基者之一，在历史上影响深远，有"数学王子"之称。高斯非常善于思考，这种良好的思维习惯在他小时候就已经表现出来了。

高斯10岁时，一天，他的数学老师让学生们解答一道习题：

"1+2+3+4+⋯⋯100=?"孩子们都想争取第一个算出来，于是立刻在草稿纸上做起了演算。

高斯却没有动手，他不是想偷懒，也不是发呆，他在想，难道做这道题一定得经过如此复杂的计算过程吗？他在进行思考，他思考的目的是要寻找一种能够成倍提高运算效率的方法，这个思考的过程花去了相当于其他同学进行加法计算的时间。这期间，老师看见高斯没有动笔，走上前来问他为何还不开始计算。高斯说他已经知道答案了，是5050。

老师十分诧异，问他是否之前做过这道题。高斯告诉老师，他是这样考虑的："1加100等于101,2加99等于101⋯⋯这样的等式一共有50个，因此这道题可以简化为$101 \times 50=5050$。"

"真是太神奇了！"老师赞扬道。

高斯表现出来的这种"神奇"思维能力并不单单取决于他的智力水平。事实上，高斯是凭借其良好的思维习惯，才使其智力得到了充分发挥。许多科学家之所以能为人类做出杰出的贡献，与他们爱思考的习惯是分不开的。比如，无论什么事他们都要多问个"为什么"，正是这种爱钻研的精神才成就了他们的成功，而这种习惯大多是从小就培养出来的。

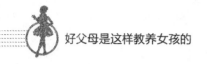

那么，父母在生活中如何培养女孩的自主思考能力呢？以下几点建议可供参考。

1. 多鼓励女孩的探究行为

孩子的年龄小，父母需要了解她的身心发展情况，以使之获得安全感，逐步学会独立生活。倘若父母一直对孩子的控制太多，孩子就很难有机会获得独立生活的能力，孩子会更多地依赖父母告诉她该做什么、如何做，以及什么时候做、怎么做。

孩子的探究行为是一种主动的适应性行为。孩子在很小的时候就会对一些事物表现出兴趣，随着年龄的增长，孩子会对越来越多的事物产生好奇心，探究行为也会逐渐深入，在这种情形下，父母要克服自身的功利思想，不应急于让孩子做父母认为该做的活动，而应充分鼓励孩子的探究行为并给予必要的协助，因为此时正是孩子发挥想象和创造力的时候，如果父母不及时给予孩子肯定和鼓励，甚至阻碍其探究活动，就容易扼杀孩子的想象力、创造力和自主思考的能力。

2. 多向女儿提问，培养女儿的"发散思维"

经常给孩子提出一些在生活中会遇到的问题，可以激发孩子的兴趣，引导孩子去思考多种解决问题的方法。比如有一类问题，虽然目前看起来答案已经很明确，但正确答案往往不是唯一的，如果孩子能够打破惯常思维的束缚，学会发散思维，从不同途径、不同角度考虑问题，对孩子自身的思考能力培养是很有益处的。如父母可以问孩子为什么钟表是用来计算时间的？为什么有些菜煮的时间长了就会改变颜色？这些生活中司空见惯的事情很容易激发起孩子的思考兴趣，帮助孩子养成勤思考、爱动脑的好习惯。

此外，父母还可以利用孩子喜欢探索的天性，引导她动手拆卸一些物品，尽可能地帮助她实现想法和愿望。

3. 锻炼女孩解决问题的能力

想要提高女孩解决问题的能力，纸上谈兵不行，重要的是让孩子多参加一些实践活动，鼓励她自己动手找到答案，不要用"不可能"来阻止孩子。父母可以有意识地为女孩创设一些独立解决问题的机会和条件，包括设置一些难题，让她多些锻炼、多些经历。无论父母怎么努力地告诉孩子"实践出真知"的道理，也不及孩子通过自己的体验所获得的感触深刻。

王先生总是有意地把家里许多打电话的"任务"都交给10多岁的女儿：给煤气公司打电话，联系换煤气；给快递公司打电话

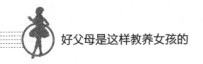

寄快件；给家政公司打电话，找人清理下水道等。通过日常生活中的这些电话沟通，女儿从中得到不少锻炼，学会了如何与不同的人沟通，增强了应对生活中复杂情况的能力。

父母应该相信自己的女儿有解决问题的愿望和能力，相信她通过自己的实践，能够学会自己解决问题。父母要做的就是给孩子足够多的机会，为她搭建一座解决问题的"桥梁"，教给孩子解决问题的技巧，努力在家庭中营造解决问题的气氛。

4. 用孩子的眼光看世界，鼓励孩子大胆地思考

吃完晚饭的时候，一家人围坐在一起，父母拿出小樱在学校画的画给大家欣赏。

"蜜蜂追小熊"是小樱的这幅画的主题。画中一只小熊仓皇逃跑，一群蜜蜂在后面奋力追赶。小樱画得生动有趣，栩栩如生，小熊慌慌张张的神情、蜜蜂穷追不舍的架势都被她画得很形象。家人赞叹之余，爷爷问小樱："蜜蜂为什么要追赶小熊呀？"小樱调皮地说："你们猜猜看。"

"爷爷猜，是因为小熊偷吃了蜂蜜？"小樱听爷爷说完，摇了摇头。奶奶说："是因为小熊踩坏了花丛？"小樱对着奶奶又摆摆手。爸爸说："因为小熊欺负了蜜蜂吧？"小樱还说不对。

妈妈说："是不是因为小熊打坏了蜂箱呀？"小樱依然摇摇头。最后小樱撅着嘴说："你们别把小熊想得这么坏，好不好？那是因为小熊的裙子像花丛。"

在孩子的眼里，世界是绚丽多姿的，孩子的想象总是富有诗意；但是在"阅历丰富"的成人眼里，世界远没有孩子眼中那么美好。有时成人习惯于将事情往坏处想，这样给孩子带来的绝对不是好的影响，所以，父母一定要学会用孩子的眼光看世界，这样才能让孩子保有善良，让她去发现世界的美好，这对孩子形成自主思考能力很有好处。

还有，父母不要轻易否定孩子的想法，这样会让孩子失去信心。要让孩子不断去尝试，成功也好，失败也罢，那都会有收获。

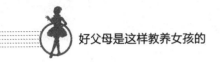

🎀 不替女孩做选择

说起给孩子自由选择的权利，很多父母都频频摇头。其实，自由选择很简单，自由不是指孩子要什么就给她什么，也不是纵容孩子为所欲为。这里说的自由，是建立在尊重孩子发展客观规律的基础上的：当孩子需要自我发展时，不要阻碍她；当孩子探索时，不要阻止她；当孩子提出要求时，给她自主选择的机会……

一些女孩缺乏自主选择的能力，父母对此要负主要的责任。许多父母对女儿非常宠爱，他们既希望自己的女儿能够做到最好，但又担心女儿失败而遭受打击。当女儿做选择时，父母由于怕女儿自己选择错误，总是不敢把选择的权力交给女儿，甚至干脆为女儿代劳。久而久之，孩子就会认为自己的选择总是没有父母的选择好，所以凡事都要让父母替自己做决定，于是变得不爱思考，越来越没有主见。

一些父母在帮自己的女儿做选择时，很少去听孩子自己的意见。比如，有时孩子想报绘画班，父母却让孩子报写作班。当孩子问父母为什么不同意她的想法时，父母的回答往往都是一样的：因为画画对学习没有帮助，多学习写作对语文学习有帮助，可以在考试时取得高分！但孩子想要学的是自己喜欢的东西，而不是为了父母而学。

其实父母强迫孩子学习一些知识，是把自己的意愿强加给孩子，让孩子替自己完成梦想。父母这样做对于孩子自身的成长是十分不利的。

自主选择是孩子成长过程中需要培养的一项很重要的能力。很多父母错误地认为，孩子只有长大懂事后才能够自主选择，殊不知，自主选择的意识和能力需要从小开始培养。父母应该多给孩子机会，让孩子自主选择，在孩子的选择没有出现偏差的情况下，要尊重孩子的选择和决定。

下面有一些建议，可以帮助父母培养孩子的自主选择能力。

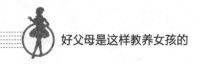

1. 相信孩子能处理好自己的事

很多父母不给孩子自由选择的权利，是因为对自己的孩子没有信心，害怕她会做错事，长此以往，孩子对自己也会失去信心。很多父母把孩子照顾得十分周到，从早晨起床、吃饭，到上学、回家、做功课，能想到的、能做到的都替孩子做了。从表面来看，这是关心孩子的表现，实际上却助长了孩子的依赖性和惰性。其实，对于孩子来说，她希望父母能够信任自己，能够让她自主选择。如果父母对孩子管束太多，或者经常强迫孩子服从自己的意志去做事，就会使孩子的精神负担加重，心情受到压抑，个性发展受到阻碍，从而缺乏独立自主的能力。如果父母能够经常对孩子说"你能行"、"你能自己做出选择"、"我相信你能做好"，无疑会增强孩子的信心，让孩子勇敢地做出自己的选择。

2. 给孩子自由发展的空间

很多孩子缺少选择权，一切都由父母安排，以至于形成了依赖他人的习惯，缺少自己的想法。

其实，孩子是独立的个体，有自己的观念和想法。或许孩子还没有足够的生活经验，在某些事情上可能会犯错，但这是可以理解的，出现错误也是有必要的，孩子需要从这些错误中吸取教训，得到成长。如果孩子没有足够的自由发展空间，没有足够的实践机会，那么，将来孩子在需要自己独立做出选择的时候就会束手无策。

3. 把选择权还给孩子

太多的父母习惯于把"选择权"牢牢把握在自己的手中，为孩子全面规划生活和学习，父母的这种"控制"，对孩子的成长其实是很不利的。

如果父母为孩子做出的选择是对的，那么孩子只是坐享其成，她无法从中获取有益的体验，无法享受到实现自我价值带来的愉悦感。如果父母为孩子选择错了，孩子就失去了某些机遇，她很有可能会产生不满情绪，与父母之间的关系也会受到影响。

孩子慢慢长大，父母也应慢慢从她的生活中退出来，让她做主角，学会自己去做决定，运用自己的头脑和力量做出自己的选择。

父母如果一时难以完全放手，可以试着用这样的方法：在和孩子进行交流的过程中，有意识地为孩子提供一些不会出错的选择项，让她做最终决定。孩子会为父母对她的信任、理解与尊重

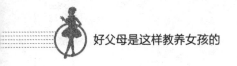

而感到高兴，也会慎重地对待自己的选择。

4. 适时为孩子提供必要的帮助

自主选择并不是让孩子盲目地进行选择。在家庭生活中，随着孩子不断长大，可能会与父母产生不少分歧，而且女孩与父母的分歧可能会更多——有生活方面的（穿什么衣服，房间怎么布置等），有学习方面的（学习时间的安排，学习计划的制订，学习方法的采用等），还有思想认识方面的（对某种社会现象的评价，对某些问题的看法等）。而面对孩子的不同见解，父母应该是高兴而不是不满，因为这说明孩子正试图进行独立思考。此时，父母明智的做法是与孩子一起商量，在亲切的交谈中探讨、比较各种方案或观点的优劣，从而帮助孩子做出正确的选择。

在孩子做重大决定时，父母可以帮助孩子收集资料，帮助孩子进行科学选择。如果孩子没有很强的自主选择能力，父母也可以和她一起分析、思考，最后帮孩子做出选择；如果孩子有较强的自主能力，父母则可以让她自主完成选择。父母只要在重大的问题上帮助孩子把好关，防止出现重大的错误即可。

5. 尊重孩子的选择

现在很多的父母在把某些选择权交给孩子时，会事前为她提供相关资料，帮她分析各种可能，并且还要让她知道如果自己选错了，自己就要承担后果。这样做的父母认为，在这种情况下，孩子即使选择错了，也是一次宝贵的人生经验，很有教育意义。这样的家庭教育是明智的，因为父母在给孩子选择权时，也让孩子有了为自己做的事负责的意识。

父母和孩子做出的选择有时可能不一致，这时父母不应轻易否定孩子的想法。父母如果经常否定孩子的意见，孩子就会觉得父母不尊重她，这会打击孩子的积极性和自信心。

在孩子做选择的过程中，父母可以帮助孩子分析各方面的情况，让孩子充分考虑各种情况后再做决定，但不能替代孩子做选择。如果孩子认真考虑后做出了决定，父母就应该支持孩子。

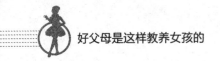

做有主见的女孩

很多父母喜欢听话的女孩，对女孩也极为溺爱，恨不得凡事都替她想好，凡事都替她做好，让孩子只听从自己的安排。但这样教出来的女孩很少有自己的思想和主见，而一个没有思想和主见的女孩将来很难适应社会，因为父母不能替女儿做一辈子的决定。

对于女孩的成长来说，有思想、有主见非常重要。当然，听话、乖巧的女孩可以让父母省不少心思。但是，如果孩子表现得过于顺从，凡事没有主见，总是听从、盲从别人或看他人脸色行事，就不是一种好现象了，这对孩子今后的发展是不利的。

很多女孩缺乏主见的主要原因有三点：第一，喜欢模仿，容易盲从；第二，父母本来就是孩子心目中的权威，再加上有些父母习惯于替孩子设想一切，所以容易造成孩子唯命是从，不敢违背父母的意愿；第三，有些父母和孩子之间缺乏沟通，不理解孩子，致使孩子产生畏惧心理，不敢说想说的话，不敢做想做的事情。

那么，父母该如何培养女孩的主见呢？以下建议可供父母们参考。

1. 尽量让孩子自己做主

日常生活中的一些小事，尽量由孩子自己安排。比如，过生日请哪些朋友，到商店买什么样的衣服，选择什么书等。当父母讨论家中的一些大事时，也可以给孩子提供发言的机会，比如父母在布置房间时可以和孩子一起筹划设计方案，鼓励孩子提出自己的建议，如果孩子的建议可行，父母就应尽量采纳其建议。

2. 教会孩子"说不"

要使孩子有主见，必须破除孩子的盲从心理。比如，父母可以和孩子一起玩"说不"游戏：有意出错，让孩子挑出错误的地方。父母说："桌子、椅子、床头柜、毛巾被是可以用的东西，都是家具。"孩子说："不对，毛巾被是可以用的东西，但不是

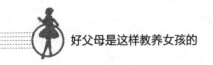

家具。"父母要让孩子明白，成人也有可能出错。让孩子意识到这一点，孩子就不会盲从别人，看别人脸色行事了。

3. 和孩子一起做家庭智力游戏

父母可以提出一个问题，让孩子想出多种方法解答。比如，小猴子不小心掉进猎人为抓大灰狼而设的陷阱里了，它该怎么办？人在什么情况下容易口渴？父母应引导孩子进行发散性思维，并提出解决问题的多种方法。

在做亲子游戏时，父母应该注意，不要轻易否定孩子的想法，孩子的答案越奇怪越新奇越好，数量越多越好，这样可以使孩子认识到解决问题的途径是多种多样的，自己原来也能想出很多好主意。这样做，不但能增强孩子的自信心，同时也能让孩子变得有主见。

4. 不限制孩子

一位母亲总是抱怨女儿脾气大，还有攻击性行为。后来这位母亲发现，这和家中的保姆对孩子的管教有关，保姆总是不让孩子做自己喜欢的事情。比如，孩子想玩一会儿花圃旁边水坑里的雨水，保姆会制止，怕孩子弄脏衣服。保姆怕孩子弄脏、摔着，便很多事情不让孩子做，而孩子也就跟保姆不停"斗争"。

孩子本应该放在探索未知世界上的精力，却花在跟保姆的"斗争"中，这显然是不正常的。保姆要保护孩子是好事，但是不应该剥夺孩子的"自由"。当孩子获得"自由"后，就能专注地做自己感兴趣的事，也不会捣乱、发脾气。成年人如果总是限制孩子自由地发展，遏制孩子大脑和心灵的健康成长，就会给孩子带来畏缩不前、不敢于挑战等严重的后果。

5. 不要以成年人的行为准则约束孩子

孩子的思维方式与成人的不一样，没有那么多条条框框的约束。很多在她看来好玩的事在父母看来可能就是错误的，于是父母就对孩子大加斥责，希望能让孩子少犯"错误"。

可是，父母这样做只能扼杀孩子活泼天真的性格，并不能让她明白自己的行为为什么是错误的。所以，父母要多从孩子的角度出发，理解孩子的一些行为。如果父母在理解孩子的基础上做适当正确的引导，相信孩子就会有明智的选择，渐渐知道"有所为有所不为"的界限了。

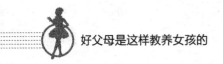

欣赏孩子的"异想天开"

小兰从小就有一些怪问题、怪想法，她的父母也没怎么在意。等她上了小学以后，这些问题和想法越来越让父母伤脑筋。

小兰喜欢画画，她曾经这样介绍她画的内容："我画的是一个苹果，苹果里长出了虫子，很多虫子在爬。""这是一个香蕉，皮掉了，从里面掉出了虫子。""这棵树生病了，树叶都掉了。""这是河，河水脏了……"这样的画很多，每一幅画都让父母哭笑不得。

妈妈对她讲："画是要给别人欣赏的，看上去要有美感，像你这样画得乱七八糟的，别人看都看不懂，怎么会喜欢呢？记住，下次要画得漂亮点儿。"

尽管小兰当时点头称是，可下次画画时还是照旧。有一次她又在画画，妈妈走过去看时，小兰说画的是石头；又过了一段时间，她跟妈妈说自己又画了些石头和草；等妈妈再去看时，她说石头长成了大山。那幅画看起来还可以，构图也不错，妈妈夸奖了小兰并提醒她最好要涂色，妈妈心里想孩子画得终于有点儿样子了。

谁知又过了一段时间，当妈妈再一次去看时，发现纸上原来的内容不见了，整张纸全涂成了黑色！妈妈不解地问小兰："你画的是什么？怎么全成黑的啦？"小兰抬起头望着妈妈，委屈地说："天黑了，大山看不见了。"

妈妈非常生气，觉得自己孩子太笨了，她对小兰喊道："不会画就别画了，以后再也别画了！"这当然只是气话，可是这件事之后，当妈妈再拿出画笔让小兰画画时，小兰却说什么都不画了。

虽然妈妈用尽办法哄小兰画，可小兰总是说："我不会画，我画不好。"妈妈几乎绝望了，她对自己以前的做法深感后悔和内疚。

在成人的世界里，为了解决一个问题，成人习惯上总是要想

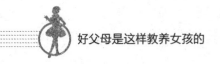

方设法找出解决问题的最佳方案，这是一种指向于某一目标的单一思维。可是，在现实生活中，父母如果对孩子也采用这种思维方式，孩子的创新意识就可能被扼杀。孩子的思维多不局限于问题的单一答案，而是寻找各种各样的、新颖的、"不切实际"的解决问题的方法。孩子无拘无束的思维和行为方式决定了他们具有创新思维的特点。

生活中几乎随处可见这样的例子。如果父母与小孩一起外出，父母会发现孩子往往喜欢走高低不平、坑坑洼洼的地方，还时不时地去踩踩路上的积水。通常，父母会责怪孩子不安分走路。但对孩子来说，平坦的大路单调乏味，缺乏刺激。相反，高低不平、坑坑洼洼的道路可以使孩子产生浓厚的兴趣，获得丰富的感受。不仅如此，孩子的求异思维和创新意识也在"不走寻常路"的过程中慢慢地扎下了根。如果父母不允许孩子走自己选择的富于变化的"路"，她的创造性思维或许就会被渐渐限制住，无法得到更好的发展。

父母对孩子的成长负有直接的责任。孩子是天生的 "创造者"，家庭是孩子创新意识产生和发展的土壤。作为父母，要像呵护幼苗成长一样，为孩子创新意识的发展提供丰厚的养料。

面对孩子的奇思妙想，父母应该庆幸，因为你拥有一个很有想法的孩子，这是孩子迈出成功的第一步，父母应保护并鼓励孩子的这些"怪想法"，这样才能促进孩子创新思维的健康发展。

创造性思维能力是未来人才的必备素质之一，也是检验人才的智力水平的一个重要依据。从小培养孩子的创造力，对孩子的健康成长极为重要。

大量事实表明，很多发明创造往往萌芽于对某一事件或现象的好奇。对于孩子来说，好奇既是天性也是一种十分可贵的品质。因为好奇，孩子会有探索周围事物的兴趣，并会在探索活动中积累丰富知识经验，发展创造性思维能力。儿童心理学家指出：凡是因好奇心而受到奖励的孩子，都愿意继续进行某种试验和探索，这既有助于培养孩子的创造性思维能力，又能增强孩子的自信心。因此，在日常生活中，父母应小心呵护孩子的好奇心。

创造性思维能力并非无源之水、无本之木，需要知识和经验的积累。一旦孩子将自己所掌握的知识运用到实践活动中，就容易出现新思想，孩子便可在实践中增长智力、开发自身的创造力。知识和经验来源于丰富多彩的生活，而丰富多彩的生活又能

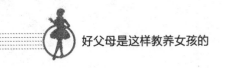

为孩子提供运用知识和经验去解决实际问题的机会。因此，父母应努力为孩子创造一个空间广阔、内容丰富的生活环境，使孩子拥有较多的动手实践、动脑思考的机会。

创造性思维更偏重于发散性思维，这是一种从多角度、多方位探索问题寻找答案的非常规的思考方式，往往有想象和幻想成分的参与。因此，父母要鼓励孩子"异想天开"，当孩子天真地向父母发问或用自己的想象来解释某些客观事物时，父母不能一笑置之或任意嘲笑，而应正面鼓励并积极引导孩子大胆幻想，在条件允许的情况下，还可以设法促使孩子亲自动手探究，让她在探究活动中亲自去寻求答案，以发展其创造性思维能力。

那么，父母应该怎样去激励孩子的创造性思维呢？这里有一些建议供家长参考。

1. 鼓励孩子自己去寻找答案

从心理学的角度讲，好奇心是人对自己不了解的事物感到新奇而进行探究的一种心理倾向，它是推动人主动探索进行创造性思维的内部动因。好奇心在孩子身上的表现尤甚，其基本表现就是不断地提出"是什么"和"为什么"的问题。对待孩子提出的问题，父母不一定要"有问必答"，有些问题可以鼓励和引导孩子自己去思考、去寻求答案，这样更有助于培养孩子的创造性思维能力。

2. 赞美孩子的创造性举动

每个孩子都有一定的创造潜能，这种创造潜能在日常生活中以丰富的想象和发散的思维方式表现出来。父母对孩子的创造成果和创造性观点一定要给予明确的赞美，鼓励孩子不断地发挥自己的创造力。

3. 日常生活中的问题尽量让孩子自己解决

在日常生活中，孩子常碰到一些小困难、小问题，这时，父母不要急于帮孩子解决，而要让她自己想想办法。比如，孩子不小心把球掉进公园的池塘里，父母可以启发她想想办法，怎样才能把球取上来，办法想得越多越好。

4. 多讲些只有开头的故事

父母给孩子讲故事的时候，不妨多给些只有开头的故事，让孩子继续往下讲，引导孩子发挥自己的想象力。

比如，父母可以这样讲故事：

在一棵大树下，有一只狡猾的狐狸，它好几天都没有吃东西了，肚子饿得咕咕叫。一天，它抬头看见树上有一只蹦蹦跳

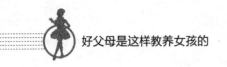

跳的小松鼠。狐狸眼珠骨碌一转，说："小松鼠，你能闭着眼睛跳下来吗？"小松鼠说："当然能呀。"说着，小松鼠闭上眼睛往下跳。狐狸连忙跑过去，一把抓住小松鼠，刚要往嘴里送，这时……

后来，聪明的小松鼠并没有让狐狸吃掉，你知道它想了什么办法吗？

父母可以向孩子提出问题，鼓励孩子发挥想象力，设想不同的故事情节，让孩子体会到创造性思维带来的乐趣。

5. 利用表演启发孩子进行创新

一些小女孩很有表演欲，喜欢别人看自己唱歌跳舞、表演节目，因此，父母可以在孩子表演节目时，鼓励她为自己唱的歌配上一些动作，通过这样的训练，可以让孩子在玩耍中也能锻炼创新能力。

6. 在游戏中鼓励孩子尽情地想象

孩子在一些游戏中可以尽情发挥自己的想象力。比如，用积木搭各种建筑物时，可以让孩子充分发挥自己的想象力和创造力，搭建出各种不同的建筑；在玩"商店、邮局、医院、餐厅、幼儿园"等游戏中，可以让孩子设想多种人物角色和活动情节。

孩子创造性思维能力的提高，对于孩子今后的发展有着积极的作用。父母在日常生活中，一定要注意培养孩子的创造性思维，懂得欣赏孩子的一些创造性的想法和成果，保证孩子的创造力得到很好的发展。

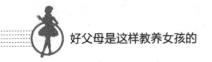

让想象插上翅膀

大胆想象是人类进步的"翅膀",美国教育专家斯特娜夫人在其著作《M·S·斯特娜的自然教育》中强调了想象的重要性。她写道:"我们之所以能得到幸福,很多时候都是因为我们有想象,不会想象的人根本无法获得真正的幸福。"

遗憾的是,有些父母不了解想象力对于孩子的重要性,他们往往以成人固有的思维告诉孩子:"你说的那些不可能发生!正确的答案应该是……"殊不知,这样的家庭教育会让孩子的想象力渐渐丧失。一些孩子原本充满潜能的头脑,会因为教育不当而变得刻板且缺乏创意。

法国著名科学家法伯发现了一种有"跟随"习性的虫子,它们外出觅食或者玩耍时,会跟随在另一只同类的后面,从来不敢另寻出路。法伯觉得它们很有意思，所以决定做一些研究。

法伯捉了许多这种虫子，把它们一只只首尾相连放在一个花盆的周围，同时又把一些这种虫子很爱吃的食物放置在花盆不远处。

大约过了一个小时，法伯过去观察这些虫子，发现虫子们都在不知疲倦地围绕着花盆转圈。一天之后，法伯再去观察，发现虫子们仍然在一只紧跟一只地围绕着花盆疲于奔命地转圈。七天之后，法伯又去看，发现虫子都死了。

后来，法伯在笔记中写道：这些虫子中如果有一只能够"越出雷池半步"，就能找到自己喜欢吃的食物，命运也就会迥然不同，就不会饿死了。但这些虫子没有创新的思想，一直按着固有的习性生活，所以无法逃脱被饿死的结局。

在现实生活中，很多人就像试验中的虫子一样无法冲破束缚，永远无法取得进步和突破。所以，父母要注意保护孩子的想象力和创新精神，不能将其扼杀在摇篮里。

一个女孩把母亲刚刚买回家的一块名表当成了玩具拆卸摆弄坏了，母亲便狠狠地打了孩子一顿，孩子把这件事告诉了自己的老师。

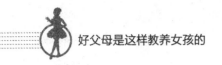
"恐怕一个中国的'爱迪生'被扼杀了。"老师幽默地对孩子的母亲说。接着,这位老师又进一步分析说:"孩子的这种行为是创造力的表现,您不该打孩子,要解放孩子的天性,给她创造的机会。"

这位母亲听了老师的话之后,觉得很有道理,有些后悔,着急地问:"那我现在应该怎么办呢?"

老师接着说:"您可以和孩子一起把手表送到钟表店,让孩子站在一旁看修表师傅如何修理,这样,修表店就成了孩子的课堂,孩子就能看到手表是怎样修好的了,这样也满足了孩子的好奇心和求知欲。"

每个女孩都有一定的潜能,父母应当充分发掘出孩子的潜能,为其日后成才打下坚实的基础。

三个女孩跟随老师去参加绘画展,那是一个关于"绿太阳"的画展。

第一个女孩说:"太阳是绿的?这怎么可能?它明明是红的。"

第二个女孩说:"多美呀,绿色的太阳!生活竟这样奇妙!"

第三个女孩说:"绿色的太阳是怎么演变出来的?"

听着她们的评论，老师微笑着。

许多年以后，这三个女孩都取得了一些成就，第一个成了物理学家，第二个成了艺术家，第三个则成了化学家！

虽然我们不能说这三个女孩之所以取得后来的成就是因为小时候看过的画展，但老师对她们的尊重，对她们想象力的宽容，使得她们的想象力得到了很好的发展，这与其日后的成就是有重要关系的。每个女孩都有自己独特的人生体验，每个女孩都有丰富的内心世界，给孩子更多的空间，尊重孩子的个性，珍视孩子的体验，就是对孩子最好的呵护！

珍妮虽然只有10岁，但却很喜欢学习海洋鱼类和奇妙森林动物的知识，比如海龟的集体产卵，深海鱼类的发光器，鸟类和兽类的进化等等，珍妮知道的甚至比爸爸知道的还要多。

珍妮的爸爸对动物方面的知识不是很在行，但他却可引导珍妮思考。在爸爸看来，培养孩子的思考能力比向她传授知识更为重要。

一天，珍妮看到食人鲸捕食小灰鲸的动物节目，觉得太残忍。爸爸看到珍妮的表情后，试探性地问："灰鲸和食人鲸哪个身体更大，哪个更有力气？"

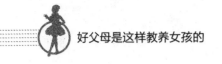

珍妮回答说："灰鲸。"

爸爸接着问："但最后为什么却是食人鲸战胜了小灰鲸？"

珍妮不假思索，脱口回答道："因为食人鲸有一大群！"

"爸爸再问你一个问题：如果没有食人鲸，也没有其他动物捕食灰鲸，又会怎样？"

"灰鲸越来越多！"

"灰鲸吃什么？"

"海洋里的动物，小鱼小虾。"

"小鱼小虾都吃光了，怎么办？"

"海洋里面没有食物了，灰鲸也就饿死了！"

"最后呢？"

"海洋里面什么都没有了！有些鸟没有食物，也饿死了，很多动物都饿死了！"

就这样，爸爸通过不断鼓励珍妮大胆假设，使珍妮学到的不再是生硬的知识，而且认识到生物之间的相互依赖关系。珍妮不仅从中学到了动物生存的知识，更通过看动物表演认识到，人也应该相互合作，因为无论个人多强大，很多事情还是无法独立完成的。

在日常生活中，父母可以利用许多机会鼓励孩子进行假设和猜想。下面的这些建议可供借鉴。

1. 引导孩子多读书、多学习

假设和猜想并不是凭空臆想，而应建立在一定的知识储备基础上，因此父母应引导孩子多读书、多学习，接受大量最新的信息，在这个过程中，父母还可以和孩子谈谈自己的想法。孩子了解的信息多了，自然会有更多的想法。

2. 把孩子的兴趣放在第一位

父母要培养孩子的广泛兴趣，鼓励孩子接触多方面的事物，从而获得广博的知识，这是孩子进行假设和猜想的基础。

3. 进行家庭辩论活动

生活中，有一些父母和孩子都感兴趣的问题，但成人和孩子的看法未必一样，父母可与孩子就此开展家庭辩论活动，各抒己见。如果在家庭中能够形成讨论、辩论的风气，孩子的思维一定会越来越开阔，越来越多的新想法也会不断冒出来。

4. 多听孩子的想法

鼓励孩子把她所能想到的都讲出来，无论孩子的想法在父母看来多么荒诞，父母都不要取笑孩子。父母可以跟孩子一起讨论

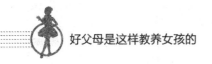

这些想法，也可以让孩子跟她的伙伴们一起讨论。经过这样的思维训练，孩子在独立面对问题时就能想出尽可能多的解决办法，就能更灵活、更有创造性地解决问题。

5. 分享孩子想象的快乐

良好的情绪是促进孩子智能发展的重要因素。父母与孩子分享想象的快乐，能够使孩子经常处于积极的情绪中，这样可以增加她的想象热情，有利于孩子想象力的发展。

6. 多给孩子讲故事

通常，爱听故事的女孩的想象力比那些不爱听故事的女孩的想象力更丰富。父母在给孩子讲完故事后可以让孩子把故事复述一遍，在复述的过程中要鼓励孩子运用想象力为故事"添枝加叶"。即使孩子设想的情景不合理，父母也不应给予否定，以免挫伤孩子发挥想象力的积极性。

另外，父母给孩子讲故事时可以讲到一半时停下来，然后引导孩子对接下来的故事情节进行想象和补充。比如，讲《曹冲称象》的故事时，当讲到该怎样称大象的重量时就可以停住，让孩子想一下用什么办法可以称象。这样一来，孩子可以边听故事边动脑筋积极思考，久而久之，想象力就能得到很好的培养。

🎀让孩子越来越聪明

孩子在学习的过程中应该越来越聪明，可为什么有些孩子越来越像"书呆子"呢？还有一些孩子甚至厌学。这是很多父母百思不得其解的问题。

科学家做过这样一个实验：把一条梭子鱼放进一个有许多小鱼的水池里，梭子鱼饿了，只要张张嘴，就能吃到小鱼。过了一段时间，科学家用一个玻璃瓶罩住了梭子鱼。开始时，小鱼在瓶子外面游来游去，梭子鱼迎上去时，每次都撞在了瓶壁上。慢慢地，梭子鱼的冲撞越来越少，最后，它完全绝望了，放弃了捕食小鱼的所有努力。

这时，科学家取走了套住梭子鱼的瓶子，而备受打击的梭子

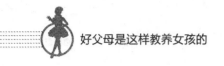

鱼已经沉到了池底，一动不动了。无论有多少小鱼在它的身边甚至嘴边游来游去，它都不会再张嘴。最后，这条可怜的梭子鱼就这么活活饿死了。

梭子鱼原来并不笨，捕食小鱼是它的拿手本领，但案例中的那条梭子鱼在经历无数次的碰壁后，开始怀疑自己捕鱼的能力，后来，它彻底绝望了，坚信自己是一条"笨鱼"。这种自我怀疑和自我否定最终害死了它。

美国一位幼儿教育专家在孩子身上也发现了类似的现象，他称之为"习得性愚蠢"。这位专家说，很多孩子在学习的过程中，会因为某些原因，逐渐产生对学习的无能感，并因此丧失自信心。这些孩子在他人的眼里，就是"越学越笨"了。

为了避免孩子"越学越笨"，父母首先要了解使孩子"变笨"的常见原因，以便对症下药。

1. "变笨"原因之一：父母总是打击孩子的自信心

如果父母跟孩子玩一个游戏，这个游戏的难度超出了孩子现有的理解能力，而父母又不向孩子做任何解释，结果孩子总是不知道该怎么玩，每次尝试都失败，那么孩子的感觉会越来越糟糕，即使别人不说，她也会觉得自己很笨，最终可能就会变成一个看起来笨头笨脑又畏首畏尾的孩子。

2. "变笨"原因之二：父母过早地给孩子施加学习压力

一些热衷于所谓"智力开发"的父母，总是不顾孩子的实际情况，急切地对幼小的孩子进行读写算训练，但那些知识并不符合幼儿的认知特点，孩子虽然也能鹦鹉学舌将知识死记硬背下来，但并不能真正理解那些知识。所以，这种家庭教育不仅不能促进孩子的智力发展，反而会给孩子带来很大的学习压力，降低她对学习的兴趣，挫伤她的自信心。

3. "变笨"原因之三：父母给孩子大量的负面暗示

有一个充满寓意的童话故事：一位美丽的公主，从小就被巫婆关在一座高塔上面，每天只能见到巫婆。巫婆每天都对她说："你的样子丑极了，见到你的人都会感到害怕。"

公主相信了巫婆的话，怕被别人嘲笑，不敢逃走。直到有一天，一位王子经过塔下，看到了公主的美貌，惊为天人，救出了她，这位公主看到镜子中的自己，才知道自己其实长得很美。

事实上，很多父母都可能在无意间充当了"巫婆"的角色。说孩子"真笨"是一些父母的口头禅，尽管有时父母是无意的，可是孩子接收到的就是自己"笨"的信息。有些父母总是

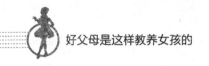

有意无意地拿自家孩子与别家孩子相比："你看人家娟娟多聪明！""李阿姨家的小英都能用英语和老外对话了，她比你年纪还小呢！"还有的父母在朋友、外人面前比较"谦虚"，总是说："我这个女儿不行，很笨的。"如果孩子整日接受这些负面暗示，慢慢地也会相信自己真的是一个"笨孩子"了。

当孩子因为上述种种原因，深信自己的脑子很笨、学习能力很差的时候，她就会产生严重的自卑感和自我怀疑，潜意识里就会产生"保护作用"，拒绝新的资讯进入到自己的记忆库中。结果，孩子就真的什么都学不会了。

如果父母不想让孩子"变笨"，就要特别注意如下几点：

（1）允许孩子标新立异。

父母要培养孩子的想象力、创造力，就要允许孩子异想天开、"胡思乱想"，允许孩子按照自己的方式去看待事物，而不是用成人的方式来理解事物。当父母听到孩子异想天开、离奇荒唐的看法时，一要允许，二要鼓励，三要引导。

（2）允许孩子"不听话"。

淘气是孩子的天性，而且创造型孩子往往更淘气、更不听话。心理学家认为，创造力强的孩子多数具有三个让人"讨厌"

的特点：一是顽皮、淘气；二是所作所为时常不合常规；三是处事灵活、较幽默，且带有嬉戏的态度。好父母千万不要以为自己的女儿"太疯"，不像女孩样，要包容孩子的天性，鼓励孩子发挥自己的创造性，并加以引导。

（3）允许孩子向权威挑战。

孩子在学校的权威是教师，在家里的权威是父母。而父母往往利用这种权威压制孩子，长此以往,孩子就会过分依赖权威，不敢尝试新事物，缺乏从不同角度看问题的能力，缺乏深思的勇气和能力，最终变得畏首畏尾。其实，孩子给父母"挑毛病"、向父母挑战是好事，但如果父母为维护自己的"权威"常给孩子"当头棒喝"，就会摧毁孩子的创造性思维。所以，鼓励孩子向老师、家长挑战，这对培养孩子的创造精神非常重要。挑战不仅仅是男孩要做的，女孩也同样要做。不畏"权威"，敢于向权威挑战，是创造型人才的可贵品质。

（4）允许孩子犯错误。

世上没有十全十美的人，人犯错无法避免。成人都难免犯错误，更何况是孩子。其实犯错误不可怕，重要的是让孩子搞清楚自己为什么犯错误，犯的是什么错误，怎样改正，如何避免下次

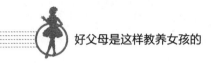

再犯同样的错误。

（5）鼓励孩子的好奇心。

人若一味地迷信权威，迷信书本，就永远不可能有创造力。父母在家庭教育中，要努力向孩子传授较多的科学知识，而在传授知识的过程中，要鼓励孩子提出疑问和质疑，使孩子的好奇心得到激发和发展。

小瓦特因为好奇水沸腾时壶盖会被蒸汽顶起来而最终发明了蒸汽机，牛顿因好奇苹果会落地而最终发现了万有引力，达尔文因对世间生物的好奇而最终创立了生物进化论。这些伟大的发明和发现，无一不是好奇心产生的结果。好奇心是一种极其宝贵的品质，被科学家誉为"人类的第一生产力"。人类正是在好奇心的推动下，才产生了揭示大自然奥秘的强烈欲望，才有了对真理的执着追求。可见，保护和发展孩子的好奇心是何等重要。

（6）让孩子的活动更自由。

每个孩子都是活泼好动的，对一些未知的事物都有新鲜感和好奇心，喜欢寻根问底。父母要放手让孩子去探究，让孩子在实践中学习和增长知识。假如父母总是怕孩子弄脏了手脚、衣服，或者担心孩子出意外，而阻止孩子去动手实践，这样会束缚住孩子的创造力。

人类是有思想、有想法的，这一点在孩子身上表现得尤为明显。所以，为了培养孩子的创造力，让孩子能够充分、自由地发展智力和潜能，父母应该给孩子创造积极的创新环境，这样，孩子才能越来越聪明。

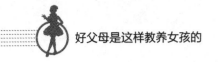
🎀 培养孩子读书的兴趣

一个对知识抱有浓厚兴趣的人，必然会对知识产生热情和渴望。所以，孩子是否爱读书，归根到底还是兴趣问题。父母要想让孩子取得优异的成绩，首先要培养孩子的学习兴趣。

有一位教育家给学前班的孩子上课，教育家准备了一个"发言球"，一边把球从讲台上扔出去，一边问孩子们："2+3等于多少？"哪个孩子接到球，就要说出答案。孩子们对这种教学方式感到很新鲜，学得很高兴。对此，一些老师很不理解："这不是多此一举吗？直接提问不就可以了吗？玩什么'发言球'？"教育家回答："没有'发言球'，当然也可以提问，但是孩子们就没有这么浓的发言的兴趣了。"

由此可见，如果父母希望孩子越来越聪明、越学越爱学习，就应该先从激发和提高孩子对所学知识的兴趣入手，培养她的学习兴趣。具体而言，父母可以从以下几方面做起。

1. 以言传身教培养孩子对读书的兴趣

父母的读书兴趣对孩子有着潜移默化的影响。实际上，兴趣教育比强迫孩子去做连父母自己都不感兴趣的事更容易，效果也会好很多。所以，培养孩子读书的兴趣，父母的言传身教至关重要。

所谓"言传"，就是尽可能早地读书给孩子听并使孩子养成读书的习惯。因为要培养孩子读书的兴趣，就得把书的魅力展示给孩子，就像要让孩子吃没有吃过的东西，得先让她看到、尝到一样。随着孩子年龄的增长，父母还要在其读完书后进行思想引导，与孩子交流阅读的心得体会。这样，孩子在与父母的交流和讨论中，自然会更喜爱读书。

俗话说："身教重于言教。"如果孩子平时都不曾见过父母读书，父母对孩子读书兴趣的教育就会大打折扣。如果父母是酷爱读书的人，孩子看到父母喜欢读书，自然也会在父母的影响下对书产生兴趣。

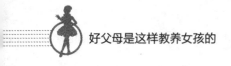

2. 巧妙地把文字引入孩子的日常生活

在上小学以前，孩子会认识多少字并不重要，激发孩子对文字的好奇心和兴趣，使孩子产生认字、写字、阅读的强烈愿望和动机，才是父母最重要的任务。

父母最好能在孩子年幼时就巧妙地把对文字的学习引入孩子的日常生活之中，使她体验到文字带来的乐趣，这样她就有了学习的动力。例如，父母带孩子外出游玩时，在公园门口，父母可以指给孩子看"公园"两个字；在玩具店里，父母也可以告诉孩子，布娃娃的包装盒上印的"娃娃"两个字……经常让孩子在生活中学习文字，久而久之，孩子就会主动地问父母一些字怎么念，是什么意思。这时再让孩子学习认字，孩子就会在兴趣的驱使下学得更快更好。

3. 培养孩子的阅读兴趣

有阅读兴趣的孩子往往会主动地阅读书籍。人的阅读兴趣并不是与生俱来的，而是需要在不断的阅读体验中逐渐形成。父母应当有意识地培养孩子的阅读兴趣，比如，在给孩子介绍书籍时先说说书中最吸引人的情节和内容等。同时，父母要激发孩子的阅读兴趣，应该从孩子最喜欢的书籍类型入手，比如，有些孩子比较喜欢科普读物，父母就可以多给孩子买一些科普书籍，有些孩子喜欢童话故事，父母就可以多买一些童话故事书，培养孩子产生强烈的阅读兴趣。

美国教育家杰姆·特米里斯认为，0～3岁是孩子形成阅读兴趣和阅读习惯的关键阶段。父母应该在此阶段培养孩子的阅读习惯，可以给孩子规定每天的阅读时间，读书给孩子听，督促孩子持之以恒，逐渐培养起孩子的阅读兴趣。而孩子每天坚持进行听读练习可以使其注意力集中，有利于扩大词汇量，并能激发想象力，拓宽视野，丰富情感，产生读书的愿望，并能初步具备基本的阅读能力。

4. 和孩子一起读书

和孩子一起读书时，父母首先要考虑的就是孩子的兴趣，此外还要考虑到孩子的智力水平和接受能力。通常孩子的注意力集中时间比较短，因此给孩子读的书不要太长，最好能让她一次性听完。许多孩子都喜欢一遍一遍地听同一个故事，此时父母要有耐心，尽量满足孩子的愿望。

孩子常常会主动向父母提出要求，要父母给她讲故事，这个时候往往是父母和孩子一起读书的最好时机。此外，父母也可以

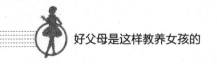

给孩子每天安排一些固定的读书时间，比如午睡前和晚上睡觉前
这两个时间段都可以。父母平时和孩子一起外出时，遇到排队等
需要等候的情况，也可以拿出故事书来让孩子读一读，让孩子养
成阅读的习惯。

5. 引导孩子在读书的过程中积极思考

父母在给孩子读书时，可以和孩子一起讨论书中的细节，当
书中的故事进入高潮时，父母还可以故意停下来，就故事中的一
些情节向孩子提一些问题，以此来提高孩子的阅读兴趣。

经常和父母一起读书的孩子，语言能力和记忆力都会发展得
比较快。有的女孩拥有了阅读能力之后，可能会要求独立阅读。
面对这种情况，父母要引导孩子先从简单的、熟悉的书读起。每
次孩子自己读完一个故事，要及时地肯定孩子，以增强孩子继续
阅读的信心。

当孩子在阅读中遇到困难时，父母要帮助孩子解决疑问，
让孩子继续保持阅读的兴趣。在孩子遇到读起来比较费力、甚至
有些理解不了的内容的时候，父母不妨从插图中或上下文中帮助
孩子寻找线索，给孩子一些提示。总之只要孩子能读懂故事的大
意，个别地方理解不到位也没有太大的关系。

孩子理解有误时父母不要急于批评孩子，即使在纠正孩子错误的时候，也要采取耐心和鼓励的方式，不能挫伤孩子的积极性，让孩子对读书产生厌烦情绪。

6. 发现孩子的兴趣点

如果孩子对读书没有兴趣，父母可以试着以孩子其他兴趣为桥梁，找到孩子感兴趣的事物，引导孩子阅读相关的书籍，以此来培养孩子的阅读兴趣和习惯。

父母要做孩子的朋友，了解孩子真正的需求，不要总是想当然地替孩子做决定。父母还要帮助孩子发现自己真正感兴趣的东西，这样孩子读书才会有动力。

第五章

培养女孩的好习惯

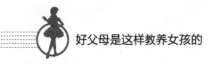

🎀 做个稳重的"小大人"

急躁是一种常见的性格缺陷，表现为碰到不称心、不如意的事情会马上激动不安，没做好准备就开始采取行动，结果由于做事无计划，急于求成，往往达不到目的。急躁的人，时常心神不宁，缺乏安全感，在惴惴不安中生活。急躁的性格会打乱生活和学习的正常秩序，造成"忙中生乱"、"殃及他人"和"欲速则不达"的后果。因此，如果孩子的性格比较急躁，父母一定要努力帮孩子改正。下面有几项建议可供家长参考。

1. 弄清孩子产生急躁情绪的原因

父母要纠正孩子急躁的性格，帮助孩子走向成熟，应该先弄清孩子产生急躁情绪的主观和客观原因。一般而言有以下几方面：

（1）父母对孩子过于溺爱。

父母太溺爱孩子会使孩子缺乏独立性，使其形成依赖心理，而依赖心理往往是急躁性格形成的重要原因。有些父母无论大事小事都要代替孩子去做，对于孩子的错误往往因心疼孩子姑息迁就，这样会使孩子养成凡事依赖父母的不良习惯。而孩子一旦离开父母，遇到自己不行的事就会不知所措，无法应对自如，于是心烦气躁油然而生。

（2）孩子缺乏认识和应对困难与挫折的能力。

孩子的兴趣爱好容易更换。当她对一件事情感兴趣时，常常会对这件事投入极大的热情，可是，由于知识和经验的欠缺及其他原因，孩子往往对事物缺乏足够的认识，做事时会因为不得要领而失败，孩子的兴趣也会随之减弱。当孩子总是经历失败，就很容易形成急躁的性格，做任何事都急于求成。

（3）长期不安宁的环境导致孩子性格急躁。

目前，孩子的学习负担普遍偏重，面对"书山题海"，孩子身心承受着相当大的压力。如果家中有相对安静的学习环境，孩子还可以静下心来全力学习；如果孩子常常处在唠叨、酗酒、赌博、吵架、打闹等不良的环境之中，那么，孩子是难以完成学习任务的。长此以往，孩子就会渐渐失去学习的兴趣，甚至看见书本就会烦躁不安。

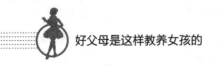

当然，孩子急躁个性的形成有很多原因，父母应该认真分析，在分析原因的基础上再想具体解决的办法。

2．积极帮助孩子改变急躁的性格

（1）培养孩子的独立性。

作为父母，只要孩子能做的事情就不要包办，多鼓励孩子做有益的事情，不要怕孩子会失败，让孩子逐渐养成独立处事的能力。这样，"不如意，不称心"的坏情绪才不至于"打垮"孩子，孩子解决问题的能力才能得到提高。

（2）在孩子性格的形成时期，及时正确引导孩子。

当孩子因遭遇失败而处于心情紧张、情绪低落的状态时，父母应该首先使孩子平静下来，帮助孩子找到失败的原因，并帮助孩子树立自信心，使孩子确定并坚持自己的兴趣爱好，保持正常的情绪状态。

（3）为孩子营造良好的学习氛围。

父母要尽量为孩子创造一个安静的学习环境，让孩子能专心致志地学习。父母还应注重自身的性格修养，做到遇事冷静沉着，为孩子做出榜样。

（4）教育孩子做事要有计划、有条理。

性格急躁的人往往做事缺乏计划和条理，而培养孩子做事的计划性和条理性，对改变急躁性格大有裨益。比如，父母可以让孩子自己分类收拾自己的物品；告诉孩子家里的东西用完后要放回原处；让孩子制订学习计划和作息时间表，并督促孩子每天按时完成学习计划……只有让孩子在生活中和学习中做到有条不紊，才能提高做事的效率，并消除孩子由于忙乱而产生的急躁不安情绪，使孩子养成稳重沉着的性格。

（5）通过具体的实践活动磨炼孩子的韧性和耐心。

在学习之余，父母可以有意识地让孩子多参加一些社会活动、集体活动，比如带孩子参加聚会，看看画展；让孩子多参加幼儿园、学习组织的活动；还可让孩子练字、画画或下棋，在活动中熏陶、磨炼孩子的韧性和耐心，逐步改变孩子急躁的性格。

（6）通过帮孩子分析急躁性格导致的后果，提高孩子克服急躁情绪的自觉性。

父母发现孩子情绪急躁时，应该马上提醒或安慰孩子"心急吃不了热豆腐"。平常父母还要多给孩子讲一些由于急躁而产生不良后果的事例，帮助孩子认识到改变急躁性格的重要性，引导孩子自觉克服急躁情绪。

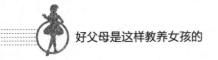

不能纵容的坏脾气

现在的女孩多是独生女，任性、爱发脾气是她们普遍存在的问题，具体表现为：自己的要求没能得到满足，就大发脾气；还有的女孩甚至不顾地点、不顾场合大哭大闹，颇有不达目的誓不罢休的架势。

孩子正处于思想认识形成的时期，需要父母对其进行适当的教导。表面上看，女孩可能比男孩听话一些，但实际上女孩心思敏感，情绪更易波动。因此，父母要花更多的精力、更多的心血和更多的时间去教育孩子。很多父母都有这样的感受：日常生活中，如果孩子犯错父母不理不睬，听之任之，孩子就会觉得父母对自己很好；如果父母批评她、教训她，孩子就会觉得父母不是真心地爱自己。于是，有些爱女心切的父母为了博得女儿的欢心，往往会一直做"老好人"，对孩子的过错过分宽容甚至纵容。

其实，父母真心对孩子好，就要适时地纠正孩子的错误，告诉她犯错的原因，而不是为了讨好孩子而对孩子犯错置之不理。如果孩子屡次犯错都不会受到批评，就会"得寸进尺"，养成不好的行为习惯。

对于脾气暴躁的女孩，父母一定不能纵容，适当的批评教育是必不可少的。批评也是父母与孩子进行交流的一种手段，是帮助孩子不断完善自我的一种动力，孩子正是在不断改正错误的过程中逐步成长起来的。

孩子的坏脾气有很多种表现，我们先看看下面这两个孩子的表现。

有一天，周女士带着女儿豆豆和侄女珍珍去吃饭。豆豆吃得很高兴，将番茄酱弄得满脸都是。周女士见女儿吃东西的样子，就说："你看看珍珍吃东西的时候多斯文，你怎么弄得哪都是番茄酱？"豆豆听见妈妈夸奖别人、批评自己，感到非常难过，于是很生气地把汉堡摔到地上，撅起嘴巴什么都不吃了。

小茜看到邻居奇奇的遥控汽车非常好玩，想拿过来自己玩。

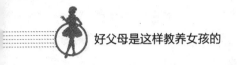

可是奇奇非常喜欢自己的遥控汽车，说什么也不让小茜碰。小茜一下子就发火了，一把将遥控汽车抢过来，狠狠地摔在了地上。奇奇哭着跑回了家，小茜也气呼呼地回家了。

上述故事中的两个女孩脾气都比较暴躁，得不到别人的夸奖或自己的要求得不到满足就会大发脾气，完全不顾及别人，这样的孩子令父母非常烦恼。

心理学上将我们通常说的"脾气"叫作"气质"，即孩子身上最早出现的个性特征。人的气质通常分为四种类型：胆汁质、多血质、黏液质、抑郁质。其中，胆汁质的女孩大多脾气急，性格倔强，这样的女孩通常有一定的自我中心的倾向，稍不满意就会和父母闹别扭，非常任性。但这样的女孩发脾气的时间通常比较短，事情过去后很快就会忘记。对于这样的女孩，父母可以等孩子平静下来后，再耐心地对她进行教育，指出错误，这样效果会比较好。

孩子第一次发脾气时，父母的处理态度尤为重要。有的父母一看孩子乱喊乱闹，就赶紧想办法哄劝，对孩子提出的要求也一应百应，过分迁就。父母以为哄一哄孩子就行了，可是面对父母对自己的纵容，孩子却认为凡事只要自己闹一闹，父母就会满足自己的要求，于是久而久之，便把发脾气变成威胁家长满足自己意愿的工具了。

那么，父母应该怎样对待孩子第一次发脾气呢？父母可以对正在发脾气的孩子不予理睬，先专心做其他事情，或直接告诉孩子"你什么时候安静下来，什么时候才跟你讲话"。渐渐地孩子会由大哭变小哭，并偷偷看父母的反应，时间一长，孩子静静观察父母，渐渐忘记了哭闹。当孩子的情绪稳定以后，父母就要告诉她那样做不对，并说明为什么不对。这样孩子就比较容易接受父母劝导，第一次发脾气就能被成功地制止了。所以，在处理孩子第一次发脾气时，父母一定要有耐心，不能半途而废，如果父母心软，以后孩子发脾气时，这个方法就很难再奏效。

父母在孩子发脾气后需要同孩子进行一次心平气和的谈心，要对孩子进行适当的批评，要让孩子认识到发脾气的危害，教她学会以理智驾驭情感。平时，父母对孩子提出的合理要求应主动地给予满足，不合理的要求委婉地拒绝，让孩子明白：凡事必须讲道理，无理寸步难行。父母若能做到不纵容，及时管教孩子的坏脾气，孩子的性格一定会有所改观，对她的成长也会有所帮助。

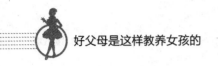

　　有的女孩在父母不能满足自己要求时不会大吵大闹，但是会缠着父母不停地撒娇。女孩子对父母撒娇是难免的，这也是亲子情感交流的一种形式。但是父母不能对孩子撒娇时的要求百般迁就、百依百顺，否则，就会纵容孩子的坏脾气。父母要把握好尺度，不能让孩子过分撒娇。

　　当然，对待孩子的撒娇，父母首先要区分孩子的撒娇是不是合乎情理。例如，孩子生病、身体不舒服时，就比较容易撒娇；当外界环境扰乱了孩子的生活习惯时，孩子就可能吵闹、撒娇；当孩子到了一个陌生的环境，因为不熟悉环境而产生不安全感时也会撒娇；女孩子还有生理节律的周期变化，当情绪低落、心情不舒畅时也容易撒娇……这些导致孩子撒娇的情况父母都应予以理解。但对那些因不合理需求得不到满足而故意发脾气撒娇的孩子，父母就要对其进行引导，不能听之任之，任其发展，要让孩子知道自己错在哪里，应该如何改正。

　　一位母亲对自己3岁多的女儿非常头疼。这个小女孩非常喜欢撒娇，常向父母提出很多要求，只要得不到满足就会立刻大哭大闹，白天这样，晚上睡觉前更明显。比如，小女孩脱完衣服后不睡觉（实际已经很困了），一会儿要尿尿（刚尿了），一会儿又要喝水吃东西，一会儿又要大人抱，只要自己的要求得不到满足就开始"折腾"，有时要"折腾"两个小时才罢休。

上面案例中孩子的表现，其实是孩子情感需求的问题。不管多大年龄的孩子，都有一定的情感需求，孩子十分渴望周围的人对自己爱与关心，尤其对自己最亲近的人更是如此。孩子所谓的"小气、撒娇"其实都是一种变相的试探，试探家人对自己的关爱程度。

出现上述情况时，如果父母对孩子的撒娇置之不理，或一味地顺从，都不利于孩子的心理健康发展。父母置之不理，孩子会认为父母不爱自己或不需要自己，会伤了孩子的心；父母对孩子百依百顺，又会让孩子把这个"爱的武器"时不时地拿出来对付周围的人，以此达到自己的目的。有些孩子甚至会在不知不觉中变成一个不顾周围人感受的自私自利的人，甚至导致严重的心理问题。那么对待孩子的撒娇和发脾气，父母到底要如何处理呢？

1. 在态度上既尊重孩子又不迁就孩子

如果父母对孩子的不合理要求也给予满足，无原则地迁就孩子，那么，被娇惯坏了的孩子很可能就变得为所欲为、自私自利，难以听人讲道理，越来越任性。反过来，如果父母不尊重孩子，不管孩子提的要求合不合理，都不予理睬，或一味地给予否定，甚至态度粗暴，那么，孩子会因需要总得不到满足而产生不满情绪，进而产生对抗心理，形成不服管教的性格。因此，只有得到尊重又不被过分迁就的孩子，心理才可能得到健康发展。

所以，当父母遇到孩子提出无理要求时，不能无原则地满足，特别是第一次时就不能妥协，否则，只会纵容孩子屡次提出无理要求。当父母对孩子说"不行"、"不能做"时，孩子往往不会马上放弃，她会一边看着你，一边继续试探你究竟让不让她做。这时，父母应该坚决地重申自己的观点。这样一来，孩子从父母坚决的态度上，便了解到这件事真的不能做，进而认识到自己要求的这件事确实是错误的。现在很多父母都注重在日常生活中培养孩子的自主性和独立意识，比如，要吃什么菜，穿什么衣服，玩什么游戏等，经常会先征求孩子的意见，这是很好的亲子互动关系，但父母也要注意给孩子定一些条件限制，比如，给孩子多定几套方案，让孩子从中进行选择，超过了条件限制便不再满足她的要求，只有这样，孩子才会知道，并不是自己所有的要求都能够得到满足，必须放弃一些不合理的要求。

2. 真正了解孩子想要什么

父母要经常与孩子平等对话，对孩子的情感世界有充分的了解，通过了解孩子的性格、言谈举止的变化等来体会孩子的情感变化。父母只有了解了孩子提出要求的真正原因，才能判断孩子的要求是否合理，才能进行合理的引导。

不同的孩子表达情绪的方式各不相同，不同的女孩表达自己的内心世界方式也不相同。比如，有的女孩以吵闹、闯祸等行为来表达自己的不满与需要；有的女孩则以沉默不语来表达自己的不开心。所以，父母了解孩子提出要求的动机很重要，只有这样才能"对症下药"，有针对性地对孩子进行引导。

3. 正确引导，帮助孩子树立是非观念

孩子的是非观念不是与生俱来的，而是在成长的过程中通过受教育而逐步建立的。因此，父母对孩子的正确引导很重要。当孩子做出有益的、正确的行为时，父母要及时表扬并鼓励孩子继续保持；当孩子有不好的举动或苗头出现时，父母要及时纠正，这样才能帮助孩子树立正确的是非观念，让孩子明白什么是正确的、合理的观念，什么是错误的、无理的观念，这样孩子就能逐步学会克制情绪，不随便乱发脾气。

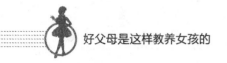

4．采取适当的教育方式

父母要注意自己的教育方式，既要及时帮助孩子克服缺点，又不能伤了孩子的自尊心。父母要为孩子营造一个良好的家庭氛围，使家庭成为孩子能充分表达自己情感的自由场所，这样既能使父母及时了解孩子的心理状态，又有利于父母教育孩子，使孩子朝健康方向发展。

有时，孩子不能准确地表达自己的需求，或不愿直接表达自己情绪的时候，父母可以采用"明知故问"的方法，即使听懂了孩子的意思，也装作听不懂，故意反问孩子："你在说什么呀？我听不懂，你再说一遍。"等到孩子可以用清晰的语言表达清楚自己的意思时，父母再告诉孩子她的要求能否得到满足。

总之，父母对孩子的撒娇要认真对待，既不能纵容也不能轻视。父母应该从孩子的生理、心理特点出发，正确地理解、把握孩子撒娇、发脾气的尺度，对孩子进行积极的心理引导，这样才有利于孩子的健康成长。

改掉三心二意的坏毛病

有些父母发现，自己的女儿学东西时接受能力很强，就是做事情的时候不认真，总是三心二意。比如，父母给孩子报了钢琴学习班，每次新课孩子都学得很快，可是在复习的过程中总是东摸摸，西看看，注意力不集中，练琴的时候也一直这样，就像"小猫钓鱼"、"狗熊掰棒子"一样，做事情三心二意。

那么，父母怎样帮助孩子改掉这样的坏习惯呢？父母可以尝试"既定任务法"，它能让孩子的精力快速集中。

"既定任务法"是来自心理学上的一个著名实验。该实验的内容是：在被试者面前放置一面屏幕，屏幕上有一个窗口，窗口后面有一个由转动轴带动的长纸袋，纸袋上画有许多小圆圈，纸

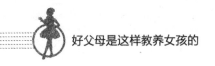

袋以每秒钟三个圆圈的速度通过窗口。被试者的任务是用笔把从窗口通过的小圆圈勾去。实验结果证明，被试者在二十分钟内能毫无错误地完成任务。

这个实验充分证明：明确具体的任务能使人集中注意力。所以，父母训练孩子集中注意力时，要把任务具体化。让孩子对学习的目的、任务有清晰的了解，孩子就会增强自己的直觉性，加强责任感，集中注意力。在这期间，即使孩子的注意力有时分散，也要立刻引起父母警觉，把孩子分散的注意力收拢回来。比如，父母在孩子开始学习时可事先帮助她做好学习安排，确定需要温习科目中的章节，然后再确定做哪些习题，同时父母还要"监督"，让孩子有条不紊地学习，发现分散注意力，赶快让孩子"收回来"。

萧萧是个既能玩又会读书的孩子，同学们感觉她平常似乎总在玩，可功课却依旧那么好。其实萧萧学习成绩好的秘诀在于她注意力集中。

萧萧小时候非常爱玩，妈妈为了帮助女儿提高学习成绩，想办法帮萧萧培养专注的习惯。每天萧萧放学回家后，妈妈便要求她做完功课再去玩。为了争取较多的玩乐时间，萧萧便集中精力做功课，因此在很短的时间内就可以把功课做完，之后她就可以完全支配自己的时间，比如，看电视、下棋、游戏、看书等，而妈妈对此都不加以限制。

对于三心二意的孩子，父母还应注意一点，那就是规定明确的赏罚标准。当孩子在规定的时间内没有完成要做的事情时，就要适当地采取一些措施。比如，如果孩子在吃饭的时间拖拖拉拉不好好吃饭，在规定的时间内没有吃饭，父母可以先把碗筷收起来，让孩子明白，规定的时间内就要做规定的事情，超过这个时间要做其他应该做的事情。有了明确的任务和时间紧迫感，孩子做事时就有了动力，就会保持注意力集中，做事效率就会提高。

那么，父母要怎样做才能更好地培养孩子专心致志的好习惯呢？

1. 提高孩子的责任感

一个人对事情的专注程度，往往与其责任感有密切关系，通常一个人对事物的责任感越强，越想把事情做好，注意力集中的时间就越长，即使在外界有干扰因素的情况下，也能不受干扰，专心致志地做事。如果一个人没有责任感，做事得过且过，就会心猿意马，思想"开小差"，那一定什么事情也做不好。

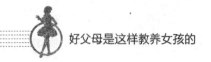

2. 帮助孩子寻找感兴趣的事

爱迪生做起实验可以两天两夜不睡觉，可是一听到音乐就会呼呼大睡。可见一个人的注意力与兴趣有着直接的关系。人无论年纪大小，对感兴趣的事情，注意力都比较容易集中。所以，父母可在充分了解孩子兴趣的基础上，鼓励孩子做自己感兴趣的事情，并在做事的过程中提高孩子的专注力。

3. 让孩子学会自我反省

"吾日三省吾身"，才能不断反思自我、超越自我，实现自己的人生目标。所以，父母要让孩子学会自我反省，比如让孩子想想，自己做作业的时候，是否经常会"开小差"，是否想着电视里正在播什么节目；在练琴或画画的时候，能不能静下心来认真做这些事情。父母要让孩子明白做事专心致志的重要性，并使其成为孩子自觉的自我要求。

古语说："书痴者文必工，艺痴者技必良。"即说专注做事能成功。好父母应该认识到专注地做一件事，总是能获得较好的效果。所以，在引导孩子做事时，保持孩子的注意力高度集中，是提高时间利用率、使孩子学有所成的一个重要方法。

🎀培养孩子自律能力

哈佛大学有一个非常著名的调查研究项目。该项调查的对象是一群智力、学习、环境条件都差不多的年轻人，调查者经过二十多年的跟踪调查，发现那些目标具体清晰、善于自律的人，几乎都成为社会上的成功人士，而那些对目标不清、自律能力差的人大部分成就平平。

为什么自律能力强的人容易有成就，而自律能力差的人往往前途无望呢？

"孟母三迁"的故事千百年来一直为人传诵，孟母在培养孩子自律性这一点上，是很值得后人借鉴的。

孟子小时候家住在乡下的一个坟场边，因为孟子比较顽皮，加上坟场经常举办丧事，孟母怕对他成长不利，于是全家迁到了城里。但是搬到城里后，孟母发现城里店铺太多，人来人往，窗外十分嘈杂，于是孟母决定再次搬家。最后，他们搬到了一个学堂附近。孟母心想此次搬迁对孟子的发展应该比较有利。

住在学堂附近，每日清晨，都可以听到朗朗的读书声。学堂里传来的读书声吸引着孟子，他看到那些小孩子相互之间彬彬有礼，遇事相互谦让，很是羡慕，自己也模仿起来。在这种环境的熏陶下，孟子渐渐懂得了礼数，变得越来越有礼貌。孟母感到十分欣慰。

过了一两年，孟子到了读书上学的年龄，由于家境贫寒，孟母需要靠织布卖钱送孟子去学堂读书。入学那天，孟母给孟子缝制了一身新衣服，交代他在学校里要尊敬老师，和同学友好相处，好好学习。

头几天，孟子觉得挺新鲜，学堂里有那么多同龄的孩子，下课可以一起玩。他也记着母亲的话，上课的时候规规矩矩地听老师讲课。可是日子一长，孟子就对每日所学的"之乎者也"感到厌倦，觉得太单调了，很没意思，远不如不去学堂自由自在。于是，孟子便不想念书了，偷偷跑到学堂外面玩。

有一天，孟子再次从学校偷跑出来，很不巧，那天孟母去集市卖布，刚好路过学堂，她想在窗口看看孩子读书的情形，可是往学堂的窗口里一看，却没有看到自己的孩子，搜寻之后，孟母发现孟子根本不在学堂里。于是她赶忙去问老师，老师说一直没看到孟子。孟母这才知道孟子逃学了。

到了晌午吃饭的时候，孟子像往常一样回家吃饭。这时，孟母已经从集市上卖完布回来了，孟子到家的时候，孟母正做中午饭，心里想着孟子逃学的事情。孟子一到家就嚷着要吃饭："娘，我肚子饿了，饭做好了没有？"

"你今天去上学了吗？"孟母直接问起孟子上学的事情。

孟子装作若无其事的样子，回答说："当然去了。"

"那我怎么没见到你在学堂里读书，老师也不知道你去哪儿了，"孟母气愤地说，"你还学会了撒谎！"

孟子见事情败露，只好向母亲坦白自己跑到野外去玩了，又说学堂没意思，不想去了。孟母听了，二话不说拿起剪刀，到织布机前把织布的线都剪断了。孟子从来没见过母亲发这么大的火，赶紧跪下说："孩儿做错了什么事，母亲要发这么大的火，把织布的线都剪断了？"

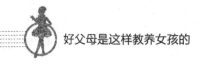

孟母说:"你不好好读书,日后很难成就大业,我织布卖钱又有什么用?"

孟母把孟子叫到身边,语重心长地说:"你现在年纪还小,不能领会妈妈的良苦用心。抚养一个小孩,就好比种一棵树,小树需要经常浇水、施肥和修剪枝丫,它才能长成一棵大树,成为栋梁之材。人也是如此,需要教育培养,才能成为社会上有用的人。我剪断了线,这些布就不能再继续织了,它就成了废物。人也是一样,父母不管孩子,孩子就成不了才。"

这番话,使孟子明白了母亲的良苦用心。从此以后,孟子下定决心,用功学习,后来终于成为一代大儒。

如果一个人对于自己的行为不能自律,是成不了大器的。孩子淘气、贪玩并不可怕,父母可以像孟母一样对孩子循循善诱,动之以情,晓之以理,让孩子明白自律的重要性。那么,如何培养孩子的自律能力呢?以下的方法家长不妨一试。

1. 让孩子正确认识自己

父母要想让孩子学会自律、学会自我管理,首先要让孩子学会正确认识自己,客观地了解自己的优势和劣势、优点和缺点、长处和短处,从而不断地完善和提高自己。

2. 帮助孩子养成良好的自律习惯

良好的习惯是无价之宝，自律就是要不断地培养好习惯、改正坏习惯。孩童时期是学习的黄金时间，父母要告诫孩子珍惜宝贵的学习时间。凡是孩子好的态度和好的习惯，父母都要强化，并使之成为孩子一辈子都受用无穷的资本。科学研究证明，人的一生中大部分时间都是按自己的习惯行事的，如果一个人养成了良好的自律习惯，做事便事半功倍；如果养成了不良的散漫习惯，往往会阻碍个人的成长和发展。

3. 帮助孩子养成良好的品格

孩子的品格对其成长和发展具有重要意义，因此父母要帮助孩子培养良好的品格。比如，父母要让孩子学会节约，因为勤俭是做人的美德；要教会孩子以礼待人，因为礼貌是人际交往的"钥匙"；要让孩子有爱心和同情心，因为爱心和同情心是人最宝贵的品质；要让孩子有责任心，因为责任心是一个人成功的基石；要帮助孩子树立自信心，因为一个人没有自信，就不可能挑战困难，更不会为追寻远大目标而付出全部的精力。

4. 以身作则，严格规范自己的言行

父母是孩子的第一任老师，也是孩子最初的榜样，是孩子学

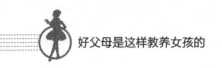

习和模仿的对象，所以，父母要规范自己的言行，要有自律性，要求孩子做到的，首先自己要做到。父母还可以和孩子定个约定，比如要求孩子在某一方面做到自律，如早起跑步，父母也要坚持做这件事，和孩子一起坚持，共同进步。

5. 要相信孩子的能力

有的父母认为孩子小，无法做父母要求的事；有的父母认为培养孩子的习惯过早，要求自律不现实；也有的父母对孩子管得很宽很细，对孩子保护过度，或者对孩子的要求过于死板。上述父母的想法和做法，从根本上说，都忽略了孩子本身具有的接受能力。

要相信孩子具有接受能力，还要正视孩子自身的自律能力，过高或过低地估计孩子的能力，对孩子的成长和发展都是不利的。

6. 根据孩子的天性来培养好习惯

父母要想帮助孩子养成自律的好习惯，就要根据孩子的个性去进行培养，这样做会事半功倍。父母教育孩子的前提是了解孩子，而了解孩子的前提是尊重孩子。父母如果不能对孩子有足够的了解，在培养孩子自律习惯时就容易走弯路、走错路。比如，自己女儿的性格比较内向，但父母非要把她培养成一个外向的人，这是很难实现的，也是违背孩子的本性的；如果自己的女儿是个慢性子，父母想要在短时间里改掉孩子做事慢的习惯，同样也会让孩子感到痛苦。因此，父母在帮助孩子养成自律习惯的时候，一定要考虑孩子的性格、兴趣和爱好，不要把自己的愿望强加在孩子身上。

7. 采用适当的方法来教育孩子

每个孩子的个性都不一样，父母一定要根据孩子的个性，采用相应的方法进行教育和培养。每个女孩的情况千差万别，各有不同，父母在寻找适合孩子的教育方法时，需要考虑孩子的年龄、环境、心理特点和性格等因素，这样才能找到适合的办法。有句话说得好：只有适合的才是最好的。在教育孩子的问题上，这个道理同样适用。

比如，有的女孩爱运动，父母可以在运动中培养孩子的自律习惯；有的女孩喜欢画画，父母可以考虑让孩子在画画的时候培养专注、善于观察的习惯；有的女孩喜欢唱英文歌，父母可以让孩子在唱英文歌曲的过程中巩固英语单词。父母只有充分地结合孩子的兴趣进行养育，才能得到孩子的认可，也才能

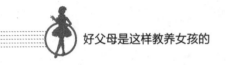

取得好的效果。

8. 让孩子多参与培养目标的制订

很多父母总是替孩子做决定，这是不对的，在父母培养孩子的过程中，孩子的参与是非常重要的一环。父母在培养孩子的时候，可以多听听她的想法，最好能和孩子讨论，共同制订培养目标，这样孩子就能更好地接受父母的教育。

9. 选用巧妙的教育方法

父母在培养孩子自律能力的时候，千万不能急于求成，更不能一味地唠叨或者强制孩子去做某些事，要想点"聪明"的办法。比如，有的父母使用激将法，有的父母使用体验法，有的父母使用比较法，等等。总之，不管使用什么方法，重要的是这种方法能够真正打动孩子的内心，让孩子明白自律的重要性，真心地接受父母的教育，养成自律的习惯。

10. 放下"家长的架子"

人人都知道作用与反作用的关系。如果父母总是用过激的态度对待孩子，就会引起孩子的对抗情绪，即使父母找到了孩子的兴趣点，往往也无济于事。因为在孩子看来，你还是要教训她，要求她这样做或那样做。反之如果父母放下"家长的架子"，孩子自然会亲近父母，听从父母的安排，孩子与父母的关系也会变得融洽很多。所以，父母要放下"架子"，多和孩子做一些她喜欢的事情，在这个过程中慢慢地引导孩子自律，父母也可以把自己的教育意图"隐藏"在自己的行动中，让孩子在不知不觉中受到教育。

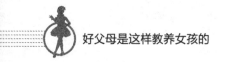
好习惯从点滴开始

　　心理学研究认为，一个人的正确行为往往来自于正确的认识，正确行为经过严格训练，最终强化成正确的习惯。但是，一两次偶然的行为还不能称之为习惯，要把正确的行为不断地进行强化训练，持之以恒，最终才能使正确的行为定型为一种习惯，此时好习惯才能形成。反之，如果一个人具有某种不良的习惯，也需要通过改变认识来改变行为，但仅改变认识，依然不能保证能有正确的行为，只有通过对正确行为的反复强化，才能改变不良的习惯。例如，一个女孩偶然跟别人学会了吸烟，此后，她虽然认识到吸烟是一种不良的行为习惯，但是她依然不能控制自己吸烟的行为。这时，父母就需要对她进行强制训练。

所以，在好习惯的培养中，训练是特别重要的环节。对于有些习惯，父母可以先进行强制训练。比如，父母要求孩子回家以后要先洗手，如果直接跟孩子讲道理，讲细菌是怎样来的，危害有多大，太小的孩子根本听不进去。这时父母应给孩子一个明确要求，要求她每天回家后第一件事情就是洗手，这样经过一段时间的训练，她就会渐渐形成习惯。等到孩子再大些了，懂得了更多的道理，就能够使此习惯形成。

对父母而言，有一个比较有效的帮助孩子养成好习惯的办法，即"条件训练法"。在这种训练的第一阶段，父母可以主动地参与到孩子喜欢的游戏之中，同时仔细观察孩子的行为，努力做到不给或少给孩子指示、命令，让孩子掌握主控权。如果孩子与父母玩得很好，父母就要赞赏、鼓励孩子的合作行为。训练的第二阶段是在第一阶段的基础上，父母可以主动要求孩子去从事某项活动，并给予她足够的时间来考虑父母的要求。当孩子按照父母的意见行事，并配合得好、完成得很快时，父母应给予鼓励；如果孩子发脾气、不合作，那么，父母就可以停止游戏，并且明确告诉孩子是由于她不听话游戏才停止的，直到孩子接受父母的要求、答应合作为止。这种"条件训练法"如果运用得好，

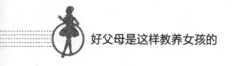

也能帮助孩子改正自己的坏毛病，逐渐形成好习惯。

让孩子养成好习惯是家庭教育的重要内容，是父母负有的重要责任。但孩子在不同成长时期的接受能力是不同的，父母在日常生活中，要针对不同年龄孩子的特点，采取相应的方式进行教育，这样才能顺其自然地让孩子形成好的习惯。

1. 从小培养孩子良好的生活习惯

俗话说"习惯成自然"，父母要注意培养孩子形成良好的生活习惯，这对于孩子的健康成长十分重要。那么，父母要注意培养孩子哪些良好的生活习惯，又要纠正哪些不良的生活习惯呢？

（1）培养孩子良好的饮食习惯，不挑食。

（2）培养孩子良好的睡眠习惯，要求孩子按时睡觉。

（3）培养孩子的生活自理能力，使孩子不过分依赖父母。

（4）培养孩子的初步社交能力，鼓励孩子与小朋友们一起玩。

（5）培养孩子勤于整理的习惯，使其做事具有条理性。

（6）培养孩子自己的动手能力，让孩子做自己力所能及的事情。

（7）培养孩子养成干净整洁的习惯。

（8）培养孩子用较有条理的语言来描述所发生的事情。

（9）培养孩子向别人打招呼的习惯，教会孩子基本的社交礼仪。

（10）培养孩子助人为乐的好习惯，让孩子帮助父母做力所能及的事。

2．正确引导女孩度过青春期

青春期是孩子文化、修养、性格等形成的关键时期，决定其一生的发展。父母应该从以下几个方面来正确引导女孩度过青春期。

（1）装扮得体。

女孩要保持整洁可爱的形象，并不是说一定要穿华丽的服装，而是说要装扮得体。父母可给孩子在各个季节都准备一两套得体的服装。装扮得体是建立女孩自信心的第一步，也是很重要的一步。

同时，父母应该教育女孩不要过多地把时间花在装扮自己的形象上，要把主要精力放在学习和提升自己的内在修养上。

（2）通过音乐、绘画等艺术活动培养女孩的艺术修养。

父母可以让孩子选一种自己喜欢的乐器，或者根据女儿的兴趣，让她学自己喜欢的东西，比如画画、跳舞等。孩子上学后，学习压力会不断增加，学习一门乐器或绘画可以让孩子舒缓心情、排除压力、修身养性，对于孩子以后的学习和生活益处匪浅，也会使孩子的人生更加丰富。

（3）通过舞蹈培养女孩的气质和形体。

女孩学习舞蹈很有好处。在欧洲，芭蕾是女孩的必修课。优美的形体和高雅的气质，通过日积月累的形体和舞蹈训练可以培养出来，同时舞蹈也能很好地疏解身心、放松精神。

（4）让女孩参加游泳和滑冰等体育运动。

父母可以培养女孩学习一两项自己喜爱并适合的运动项目。对于女孩来说，游泳和滑冰是既健康又可以塑造身形的运动，父母不妨让女孩尝试这两种运动。

（5）让女孩掌握一些防身术或搏击术。

学习一些防身术或搏击术对于女孩非常有用，可以让女孩在遇到危险情况时有能力保护自己。比如，跆拳道对于女孩而言是较好的选择，它能使女孩的身体更柔软、更灵活。跆拳道初级的拳击和踢腿，也是很好的力量训练。女孩还可以学习一些中国武术，例如适合女孩的咏春拳和女子防身术等。

　　教育学家指出，女性既需要温柔、恬静和善良的品质，同时也应具有忍耐力、勇气和果断决策的能力，而这些能力是女孩立身处世所必需的。

　　女孩的可塑性较强，在女孩年幼时，父母要注重培养孩子具有勇敢、刚强、坚毅等性格特征，年长些，应培养女孩稳重、干练的性格特征，这些性格可以让女孩在竞争日趋激烈的现代社会中相对顺利地成长起来。

🎀 做优雅的女孩

良好的行为习惯是人一生的资本，而且这个资本会不断增长。父母要注意培养女孩良好的行为习惯，从小就要让她懂得怎样做正确，怎样做不正确。

有的女孩在生活中体现出各种不良行为习惯，比如，吃东西时喜欢"咂巴嘴"；喝汤时端着碗发出"咕噜咕噜"的声音；看到特别喜欢的菜就把筷子一扔，干脆直接用手抓；有的女孩很喜欢看书，但是看过的书随手到处扔，沙发上、茶几上、电视机旁、玩具房、床上，甚至厕所里都丢着一两本书；有的女孩玩过的玩具、换下来的衣服、使用的学习用品随处乱放，到需要用时却找不到；有的女孩心情不好的时候，与父母说话很不客气，乱发脾气……

对于孩子上述种种欠佳的行为表现，父母们都会皱眉头，那么，父母究竟应当怎样去改变女孩不当的言行，逐渐培养起她的淑女气质呢？

1．对孩子进行思想教育

父母要对女孩的站、坐、行以及神态、动作等方面提出一些明确的要求。例如，站立时要身体直立、挺胸收腹、脚尖稍向外呈"V"字形；要避免耸肩、塌腰，不能半躺半坐；走路要昂首挺胸，手臂自然摆动，步速适中等。父母要告诫女孩，与人交往时要表现出对他人的尊重、理解和善意，要面带微笑，不能随意在人前做出剔牙、掏耳、挖鼻、搔痒、抠脚等不雅动作。父母要让女孩养成使用文明礼貌用语的好习惯，经常说"您好"、"谢谢"、"请"、"对不起"、"没关系"等。父母还应告诉女儿，沉默寡言、啰唆重复，都是不恰当的沟通交流方式。

父母需要注意的是，在向孩子讲解上述规范时，不要用教训、命令的口吻，而应采用循循善诱、谆谆教导的方式。当优雅举止成为女孩的一种习惯时，女孩高雅脱俗的气质也就形成了。

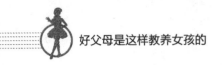

2. 教女孩做一些"安静"的事情

随着女孩渐渐长大，父母可以逐步引导她做一些"安静"的事情，比如，折纸、下棋、画画、钓鱼、照相、集邮等，这些活动有利于培养女孩安静专注的性格，使女孩形成优雅从容的气质。

3. 将女孩的精力引导向正确的方面

对于精力旺盛的女孩，父母可多为她提供一些体育用品，比如，皮球、毽子、自行车、溜冰鞋等，这些都是好动的孩子十分青睐的物品。父母要鼓励女孩多进行体育活动，这样不仅能培养孩子的兴趣爱好，还有益于孩子的身体健康。

4. 母亲要做女孩优雅举止的好榜样

女儿是母亲的一面"镜子"，所以，父母要想把女儿培养成淑女，母亲就需要言传身教，让自己成为孩子的榜样。

一位母亲这样写道：

"别以为小孩什么事情都不懂，她可都看在眼里呢。有一次她对我发脾气，我就说：小姑娘不可以这么大声说话。结果她小声嘟囔：妈妈和爸爸吵架的时候也是这么大声说话的……

"听到女儿这么说，从那以后，我尽量克制自己的急脾气，发誓要给她树立一个优雅母亲的形象。"

5. 对孩子要多提示、多表扬

孩子的一些错误行为往往是由于考虑太少，而不是有意犯错。如果父母总是对孩子严厉斥责、下命令，往往会使孩子反感和产生抵触情绪。因此，想让女孩变得举止优雅，最好的方式是多对女孩进行提示和表扬。

一般来说，当父母对孩子有所提示时，孩子会牢记父母的要求，并努力达到父母的期望。而父母适时的表扬，则可以让孩子得到坚持好习惯的动力。父母经常对孩子进行提示和表扬，长此以往，就会发现孩子已经不再需要提示，孩子一些好的行为习惯已经在不知不觉中养成了。

6. 引导女孩慎重结交朋友

交友不慎，受到不良伙伴的影响、唆使，是孩子养成不良习惯的重要社会环境因素。对此，父母应该予以高度重视，帮助孩子鉴别朋友，结交益友，给孩子创造良好的成长环境。

7. 教导女孩要防微杜渐

"冰冻三尺，非一日之寒。"不好的行为习惯往往不是一朝一夕形成的，而是日积月累养成的。因此，父母平时要经常提醒

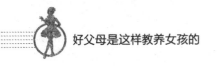
孩子，对孩子坚持高标准、严要求，并从一点一滴做起，这样才能让孩子改掉坏毛病，养成好习惯。

8. 加强对女孩意志力的锻炼

人都会有惰性，要想养成良好的行为习惯，必须有决心、有恒心、有毅力，坚持与惰性做斗争，而坚强的意志是靠刻苦磨炼培养而来的。特别是有不良行为习惯的女孩，父母要引导她以顽强的意志与恶习做坚决的斗争。例如，染上吸烟等不良嗜好的女孩想改掉恶习时，父母必须告诉她，要想改掉恶习，必须要有坚强的意志和毅力；还有要养成早起锻炼的好习惯，也须靠自己坚强的意志，如果对自己稍微放松和迁就，就会"三天打鱼，两天晒网"，使良好习惯难以养成。

9. 在一段时间内，集中精力解决一个问题

有些父母觉得孩子身上的毛病很多，恨不得马上解决所有问题。但是不管父母怎么着急，孩子都不可能一夜之间就改掉所有毛病，变成另外一个人。所以，父母应该克服急躁情绪，在一段时间内集中精力帮助孩子解决一个问题。等这个问题解决好了，再解决另外的问题。当然，旧的问题有时没解决，新的问题就会出现。对此，父母不要着急，因为孩子正是在一点一滴的进步中

不断成长的。

10. 父母要树立威信，说到做到

父母一旦决定对孩子采取一项合理的教养措施，就一定不能半途而废，否则，父母在孩子心目中的威信就会降低，使孩子的不良习惯难以改正。例如，孩子饭前不愿自己洗手，只要让她洗手吃饭，就大哭大闹，父母有时因为受不了孩子的哭闹而对孩子让步。这样，孩子饭前不愿洗手的习惯不仅没有改掉，反而会得到强化，因为她认为只要自己坚持哭闹，父母最后就会让步，这样孩子就很难改掉原有的不良习惯。

11. 让孩子感受到父母的爱心和关怀

在纠正孩子不良行为的过程中，父母要告诉孩子：只要改正错误，就是好孩子。要让孩子感受到父母的爱心和关怀，感受到父母会因为她的良好表现而感到高兴。父母要及时表扬孩子的良好行为和为改掉不良习惯所做的努力，使孩子充分感受到成功的喜悦，增强其上进心和自信心。

12. 父母对改正孩子的不良行为习惯要有耐心

父母在帮助孩子改正不良行为习惯时，孩子有时表现好，有时表现会比较差甚至退步，这时父母一定要有耐心。在孩子表现

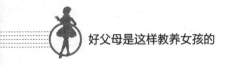

欠佳时，父母不应立即斥责孩子，而应与孩子真诚交流，找到孩子难以改掉坏习惯的原因，与孩子共同探讨解决的办法，并监督孩子执行。

13．注意对女孩文明礼仪的培养。

下面简要讲一讲怎样培养女孩文明礼仪。

细节1：回答他人的问话要有礼貌，不应该只是点头或用其他随意的方式。

细节2：用眼睛与他人沟通。比如，和别人交谈时，眼睛要注视着对方；有人发表意见时，身体和脸要正对着对方。

细节3：及时回应别人的问题，这是人际交往中的礼貌。当别人提出问题时，对别人的问题及时回应是向对方表示自己对这个问题感兴趣。

细节4：打喷嚏或咳嗽时应当转过头去，要捂住嘴巴，然后说"对不起"。

细节5：不要做出无礼的表现。比如，与人交往时不要做出撇嘴的动作，或嘴里发出"嘘"的声音，也不要翻白眼，或表现出任何不尊重别人的态度。

细节6：接到别人递过来的东西时，要说"谢谢"。

细节7：收到不喜欢的礼物后，不要对礼物本身或送礼的人表现出不满。接受别人的礼物时，不要对这件礼物说三道四，或暗示不喜欢，以至于让送礼物的人感到难堪。

细节8：保持个人卫生和房间整洁，学会整理和收拾技能。

细节9：吃饭时保持良好的餐桌礼仪。

细节10：无论在快餐店或其他任何地方吃饭，餐后都要对自己造成的垃圾负责。无论身在何处，都不能随手丢垃圾。

细节11：看到有人掉了东西，如果离得近，要帮助他捡起来。

细节12：如果开门或出门时有人跟在后面，应该为别人扶住门。

细节13：如果不小心与他人相碰撞，不管是谁的错，自己应该先说"对不起"。

细节14：去别人家拜访时，可找些值得赞美的地方称赞一番。比如，可以告诉主人，他们家的窗帘特别漂亮，这会是一个很友好的开场白。

细节15：在自动扶梯上，要站在右侧，把左侧留出来让给那些有急事要赶着上下电梯的人。在进入电梯、地铁或地下通道前，要让出去的人先行。

细节16：排队时要保持公共秩序，不插队。

细节17：在电影院看电影时，不要大声说话，不能把脚搭在前边的椅子上。如果想吃东西，要尽可能安静地吃。此外，在电影放映期间要把手机关机或调至静音模式，避免打扰他人。